大世界基尼斯纪录大全（精选十七）

上海大世界基尼斯总部 编

中国门球

CHINESE GATEBALL

文汇出版社

门球，世界有中国

# 编委名单

**总 策 划**：高 文　董凌彦

**常务编委**：查民华　　郁志超　　唐友仲　　汤凤姣

**顾　　问**：高占祥　刘习良　万伯翱　李若弘　邵华泽　王玉玺　邓志伟
　　　　　　钱建忠　寿嘉华　郎　昆　雷晓明　范鸿喜　滕俊杰　汪天云
　　　　　　司马南　俞亮鑫

**专　　家**：侯　磊（法律）　　　　吴少华（收藏）
　　　　　　蒋昌忠（书画）　　　　张顺龙（农艺）
　　　　　　陈学智（饮食）　　　　陈金根（奇石）
　　　　　　蒋国兴（陶艺）　　　　毛东兴（声学）
　　　　　　周曾同（医学）　　　　杨守业（地质）
　　　　　　周卫东（酒文化）　　　冯耀忠（微雕）
　　　　　　刘一闻（书法篆刻）　　汤兆基（工艺美术）
　　　　　　何青元（茶文化）　　　刘玉平（收藏　·集邮）
　　　　　　董枝明（古生物学）　　崔文元（宝石鉴定）
　　　　　　陈海波（瓷器）　　　　余仰贤（陶瓷）
　　　　　　周易杉（地质）　　　　张阿根（地质）
　　　　　　陈正明（地质）　　　　刘建军（林业）
　　　　　　李一东（纺织丝绸）　　噶尔哇·阿旺桑波（佛学）
　　　　　　满自喜日布扎赤·仁波切（佛学）

**法律顾问**：上海市锦天城律师事务所合伙人·邵鸣律师

# 大世界基尼斯

# 30 年的"中国骄傲"

30 年前，大世界基尼斯诞生了。她沐浴着改革开放的春风，她承载着创造奇迹的梦想，在中国土地上激荡起势不可当的旋风，引领着能人奇士以智慧和勇气超越自我、挑战极限，以坚忍和刚毅展示风貌、铸就辉煌。

30 年弹指一挥间，无数的艰辛、汗水，回报的是无数引以为傲的中国之最、中国骄傲。

我们兴奋，为那些创造了中国"第一"的勇士英雄，是他们谱写了大世界基尼斯 30 年的历程。

我们呐喊，是那些怀揣梦想、坚定执着、勇于进取的"普通人"创造了大世界基尼斯 30 年的辉煌。

大世界基尼斯诠释了民族精神，勤劳勇敢、不惧困难、自强不息、勇往直前；体现了时代风貌，开拓进取、不断创新、团结奉献、奋勇争先。

大世界基尼斯是中国人自创的品牌，得到了社会的广泛支持和大众的热情参与，中国人迸发出无限的想象力和创造力，是大世界基尼斯不竭的源泉和动力。

2022 年，我们出版《大世界基尼斯纪录大全（精选十七）》为的是让广大读者分享我们 30 年坚持的喜悦，表达我们对大世界基尼斯纪录创造者以及广大参与者的敬意，更是表达我们不变的信念——永远坚持。

"知之者不如好之者，好知者不如乐之者"，衷心希望更多怀揣梦想、坚定执着、毅力超强的人登上大世界基尼斯舞台，去实现人生的价值，实现自己的梦想。

数量：36 个

NO: 05565
2022.05

# 采访县（区）数量最多的"从延安到北安"党史主题系列活动

　　该活动由中共黑龙江省委奋斗杂志社策划组织、实施完成。2021 年 4 月至 8 月，该杂志社 40 多名记者组成 4 个采访分队，跨越西北、华北、东北地区，分赴陕西省延安市宝塔区、山西省临县、河北省滦平县、北京市延庆区、辽宁省建平县、黑龙江省哈尔滨市南岗区等 36 个县（区）进行采访，累计行程 8000 余公里。

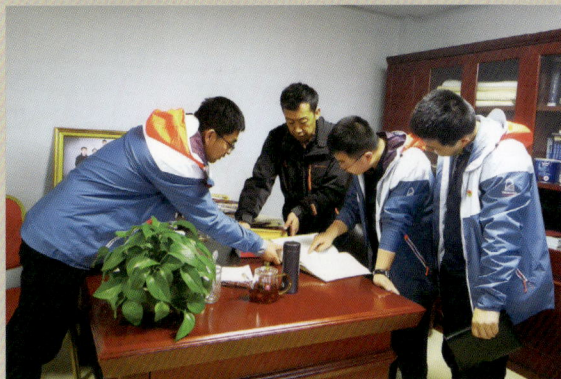

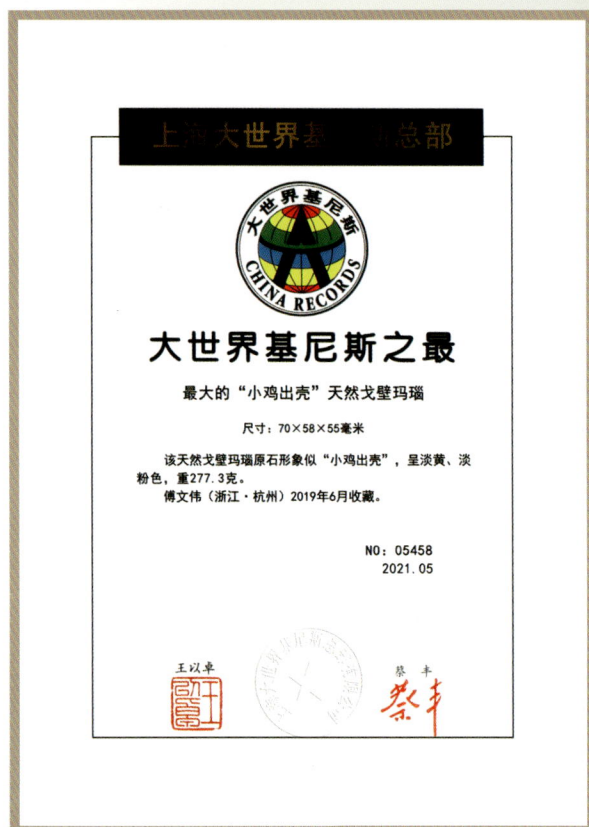

| | |
|---|---|
| 题名：小鸡出壳 | 产地：内蒙古阿拉善 |
| 石种：戈壁玛瑙（天然象形石） | 藏家：杭州·傅文伟 |
| 规格：70×58×55毫米 | 时间：2019年6月 |
| 重量：277.3克 | |

# 小鸡出壳

傅 今

　　"中国四大奇石"之一的"小鸡出壳"距今四十余载，再一方"小鸡出壳"横空出世。两相较之，产地同、石种同、形相似，新富三倍有余。此方天然戈壁玛瑙奇石，色润黄，似绒毛，形逼真，有憨态；称奇之处、点睛之笔莫过于头部三处黑色矿物包体鬼斧神工般勾勒出"两眼一嘴"，加之蛋壳色玛瑙皮天然完整，由此"小鸡"破壳而出，一鸣惊人。

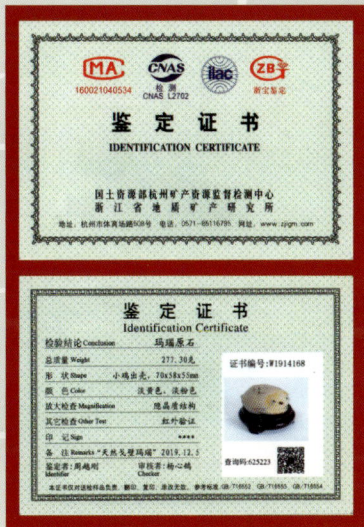

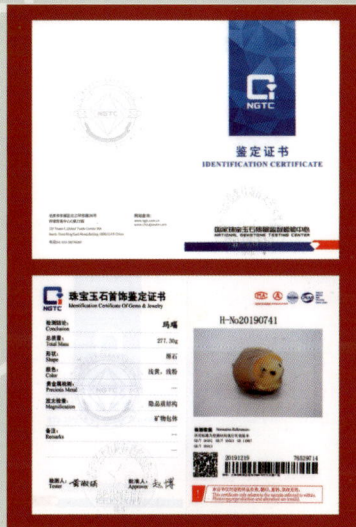

最大直径: 7 米  最高处: 7 米

## 最大的蒙医文化敖包
### ——蒙医学医宗敖包

　　该敖包位于内蒙古巴彦淖尔市乌拉特国际敖包文博园内, 呈圆锥形, 共七层, 由象征蒙医学的文化标志、额拜台及相关简介等组成。

　　内蒙古乌拉特后旗蒙医医院、乌拉特敖包文化研究学会共同管理。

NO: 05567
2022.05

**数量：99 个**

NO: 05247
2019.06

# 拥有敖包数量最多的景区
## ——乌拉特国际敖包文博园

　　该景区位于内蒙古自治区巴彦淖尔市乌拉特后旗潮格温都尔镇，占地 200 万平方米，景区设敖包文化展览、敖包模型观赏、敖包祭祀三大区域，含 86 个观赏敖包和 13 个祭祀敖包。

　　乌拉特后旗乌拉特文化研究促进会和乌拉特敖包文化学会共同管理。

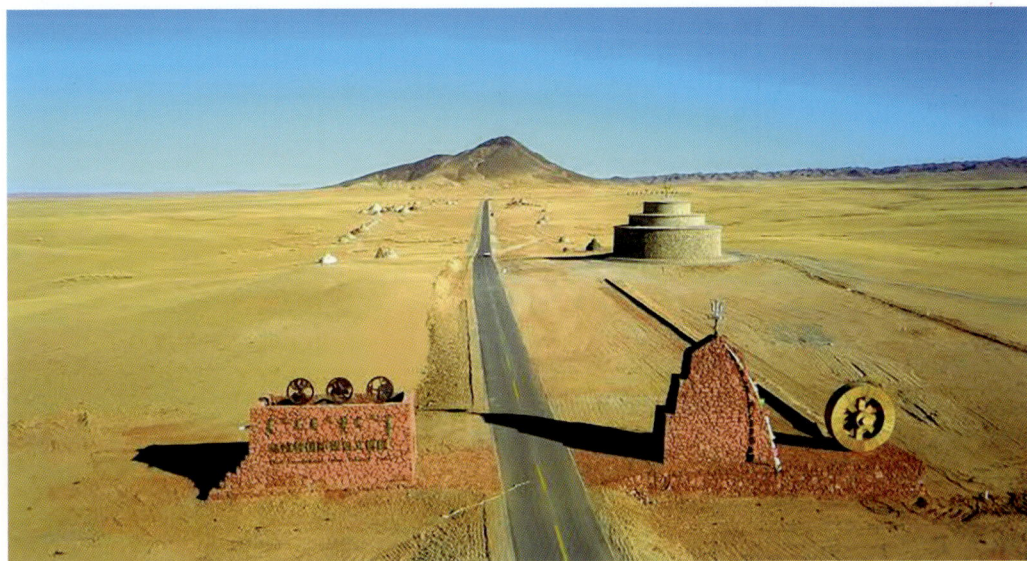

长度: 19 米

NO: 05586
2022.07

## 最长的大叶紫檀双面木雕作品（拼接）
### ——《清明上河图》

该作品由孙立斌（山东·高青）以大叶紫檀为材，采用浮雕、圆雕、镂空雕等手法于 1997 年 3 月至 1999 年 3 月雕刻完成，正面以《清明上河图》为蓝本，反面刻有历代名家题跋。

长度: 42.83 米

NO: 05620
2023.01

# 最长的大叶紫檀雕刻作品（拼接）
## ——《孔子行教图》

该作品由孙立斌（山东·高青）以《孔子行教图》为题材，选用大叶紫檀以浮雕、圆雕、镂空雕等手法于 1997 年 3 月至 1999 年 3 月雕刻完成。

NO: 05486
2021.07

# 个人组织参与人数最多的和诗活动

胡永明（上海）以2016年9月自创作品《2016年中秋雨夜寄友》为原诗邀写和诗，至2020年3月共有185位中外作者创作和诗280首。

作者：185人　和诗：280首

## 胡永明创了中国诗歌发展史上的第二项纪录
### ——个人组织参与人数最多的和诗活动

2021年7月，胡永明因"个人组织参与人数最多的和诗活动"而创了第二项"大世界基尼斯之最"纪录。他曾于2019年9月因创新编制我国历史上首部系列韵书《通用规范汉字诗声韵》而创了"大世界基尼斯之最"纪录。

我国素有诗歌唱和的传统。清朝刑部尚书王士祯收入《渔洋诗话》的七言绝句"桃花依旧放山青，隐几焚香对画屏。记得当年春雨后，燕泥时污石溪亭"和韵者多达百余人，和诗近两百首。这是自古以来有史料可查的最大规模的和诗活动。

2016年中秋节，胡永明对强台风"莫兰蒂"使我国诸多省市遭受"风、雨、潮"影响触景生情，写了新风诗《2016年中秋雨夜寄友》，并邀写和诗，当晚就收到时任中国作协副主席、著名作家叶辛发来的和诗，至2020年3月共有185位中外作者创作了280首和诗。

上海大世界基尼斯总部是我国唯一一家中国之最的权威认证机构。该部从1992年成立以来已认证《大世界基尼斯之最》5000多个，对推进我国文化建设、增加文化自信做出了积极贡献。但该部给韵书、和诗颁证都属首次。胡永明创造了中国诗歌发展史上的两项纪录，也拓宽了大世界基尼斯之最的纪录范围。

——清瑾

**数量: 139 种**

## 蒙眼辨茶品种数量之最

戎新宇（上海）于 2022 年 8 月 13 日在上海市豫园华宝楼铁画轩工作室，用国家质量检测中心专用茶叶审评杯以 3 克茶叶为计量单位，经 100 度沸水冲泡 90 秒滤出茶汤后以蒙眼闻香品尝的方式辨茶 139 种。

NO: 05600
2022.09

建设面积：3.3 万平方米

# 规模最大的生土复原古城景区
## ——叶城县锡提亚迷城

锡提亚迷城位于新疆维吾尔自治区喀什地区叶城县城东 11 公里处，属自治区级文物保护单位，景区包括复原建造区和遗址保护区两部分，设有古道遗址游览、古墓观瞻、许愿祭祀、探秘寻宝等活动项目，是集丝路文化、昆仑文化、西域古国文化为一体的生土复原古城景区。

2012 年 8 月竣工，叶城县文化体育广播电视和旅游局申报。

NO: 05515
2021.09

NO: 05514
2021.09

年代：距今约 3200 年

## 现存年代最久的维吾尔族制靴技艺
——叶城县乔鲁克靴

　　乔鲁克靴制作技艺为新疆维吾尔自治区喀什地区叶城县一项古老的维吾尔族制靴技艺，距今约 3200 年，2006 年入选第一批新疆维吾尔自治区级非物质文化遗产名录。乔鲁克靴采用绵羊皮、牛皮或牦牛皮制作，鞋底、鞋面、鞋帮以针线缝合。

　　叶城县文化体育广播电视和旅游局 2021 年 9 月申报。

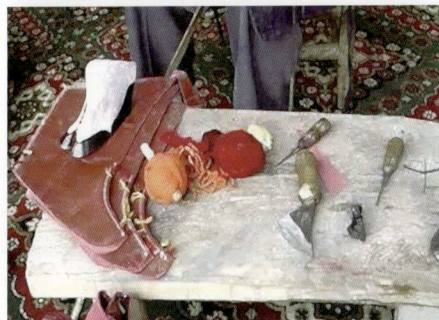

NO: 05513
2021.09

面积：58 万亩

# 种植古核桃（薄皮核桃）面积最大的县
## ——新疆叶城县

叶城县系新疆维吾尔自治区喀什地区辖县，位于新疆维吾尔自治区西南部，曾两次荣获"中国核桃之乡"荣誉称号，全县种植古核桃（薄皮核桃）面积 58 万亩，核桃产量不低于 12 万吨。

叶城县文化体育广播电视和旅游局申报。

**树干胸围：7.3 米  树高：25 米**

## 最大的古核桃（薄皮核桃）树
### ——"中国·新疆叶城县核桃七仙园·'福'树"

该古核桃树（命名为"福"树）位于新疆维吾尔自治区叶城县萨依巴格乡萨依巴格（17）村核桃七仙园，树龄 1599 年，地表周长 7.22 米，地径 2.3 米，树干胸围 7.3 米，胸径 2.32 米，高 25 米，占地 360 平方米。

叶城县文化体育广播电视和旅游局申报。

NO: 05301
2021.09

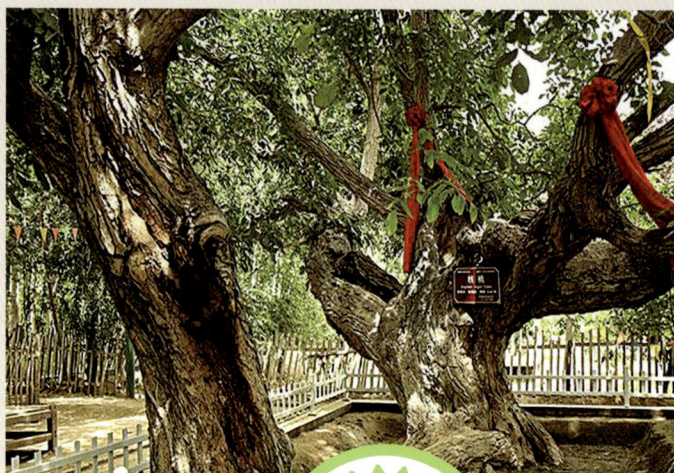

平均树龄: 1488 年

NO: 05300
2019.09

# 平均树龄最长的古核桃园（薄皮核桃）
## ——"中国·新疆叶城县核桃七仙园"

新疆维吾尔自治区叶城县核桃七仙园位于该县萨依巴格乡萨依巴格（17）村，园内共有 7 株千年以上的古核桃（薄皮核桃）树，平均树龄 1488 年，其中最大树龄 1599 年，最小树龄 1272 年，7 株核桃树分别以"福""禄""寿""喜""和""安""康"命名。

叶城县文化体育广播电视和旅游局申报。

NO: 05018
2018.01

**直线距离：31.299 公里**

# 徒步登山路线最长的山峰
## ——乔戈里峰

　　乔戈里峰为世界第二高峰，海拔 8611 米，山峰平均坡度达 45 度以上，坐落于喀喇昆仑山中段（北纬 35°53′，东经 76°31′），新疆维吾尔自治区叶城县境内。自乔戈里峰主峰至最近公路直线距离 31.299 公里。

平均海拔：4500 米以上

NO: 05017
2018.01

# 海拔最高的公路
## ——新藏线

　　新藏线亦称 219 国道，自起点新疆叶城出发至终点西藏拉孜，途经昆仑山、冈底斯山、喜马拉雅山脉等五大山脉，全长 2143 公里，其中海拔 4000 米以上路段 915 公里，海拔 5000 米以上路段 130 公里，平均海拔 4500 米以上。

　　1956 年 3 月开工建造，1957 年 6 月投入使用。

人数：461

NO: 05488
2021.07

# 现场同饮芝士奶盖茶人数之最

## ——"新西兰安佳芝士奶盖茶大世界基尼斯挑战活动"

2021年7月15日由恒天然商贸（上海）有限公司举办的"新西兰安佳芝士奶盖茶大世界基尼斯挑战活动"在四川省成都市高新区成都环球中心天堂洲际大饭店举行，现场由461位员工拼成"150"数字，并同时品尝新西兰安佳芝士奶盖茶。

面积：20449 平方米

NO: 05570
2022.05

# 中国面积最大的城堡式木板迷宫
## ——萨尔斯堡迷宫

　　该迷宫位于辽宁省大连市高新园区三寰牧场内，以城堡造型为主题，内部采用木板搭建而成，设有迷宫体验区、独立休息区以及游客服务中心，总占地面积 20449 平方米。

　　2022 年 5 月竣工，大连三寰牧场文旅发展有限公司管理。

面积：319 万平方米

NO: 05361
2020.04

# 中国面积最大的冰雪乐园
## ——"2020 中国·哈尔滨松花江冰雪嘉年华"

　　"2020 中国·哈尔滨松花江冰雪嘉年华"由哈尔滨市道里区人民政府主办，哈尔滨马迭尔集团股份有限公司、哈尔滨马迭尔酒店管理有限公司承办，位于哈尔滨市道里区，乐园核心区占地面积 110 万平方米，拓展区占地面积 209 万平方米，并设有 12.3 千米的遨游线，含中心活动区、动感机车区、雪人联欢区、公益活动区四大区域，于 2019 年 12 月竣工。

**人数: 912 人**

NO: 05401
2020.09

# 单日由最多人参与完成的鲜花墙
## ——"庆祝南京路步行街东拓开街·新世界大丸百货千人鲜花献礼活动"

2020 年 9 月 11 日由黄浦区商务委员会指导，上海新世界大丸百货主办的"庆祝南京路步行街东拓开街·新世界大丸百货千人鲜花献礼活动"在上海市南京路步行街东拓段举行，现场 912 位游客参与插花共庆 9 月 12 日南京路步行街东拓段开街。

NO: 05482
2021.07

人数: 12500 人

# 累计参与人数最多的
# "建党 100 周年"主题线上合唱活动

2021年6月1日至15日由上海景瑞物业管理有限公司主办，景瑞地产（集团）股份有限公司、湖南鲲鹏物业服务有限公司、江苏欣祥物业有限公司协办的"唱响百年"大世界基尼斯挑战活动在景瑞物业线上 H5 平台举行，平台累计上传《没有共产党就没有新中国》合唱视频 324 个，累计参与合唱人数 12500 人。

NO: 05480
2021.06

占地面积: 9600 平方米

# 规模最大的"红色保密"主题沙雕展
## ——"庆祝中国共产党成立 100 周年! 上海金山'红色保密'主题沙雕展"

　　该沙雕展位于上海市金山城市沙滩, 该展以"红色保密历史"为题材, 展现中国共产党百年辉煌历程, 革命志士坚贞不屈、英勇奉献的大无畏精神, 共计由 55 座沙雕作品组成, 总用沙量 7000 余立方米。

　　2021 年 5 月 25 日至 6 月 24 日创作完成, 上海金滨海文旅投资控股集团有限公司管理。

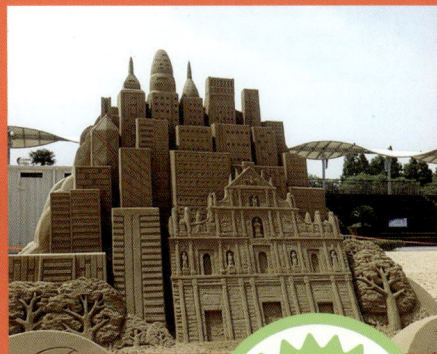

占地面积：9100 平方米

NO: 05385
2020.07

# 规模最大的党建"四史"主题沙雕展
## ——"上海金山'四史'教育主题沙雕展"

　　"上海市金山区'四史'学习教育主题沙雕展"位于上海市金山城市沙滩，该展以党建"四史"为题材，由 52 座沙雕汇成 45 组主题作品，用沙总量 7500 立方米。

　　2020 年 6 月 1 日至 6 月 30 日创作完成，由上海金滨海文旅投资控股集团有限公司管理。

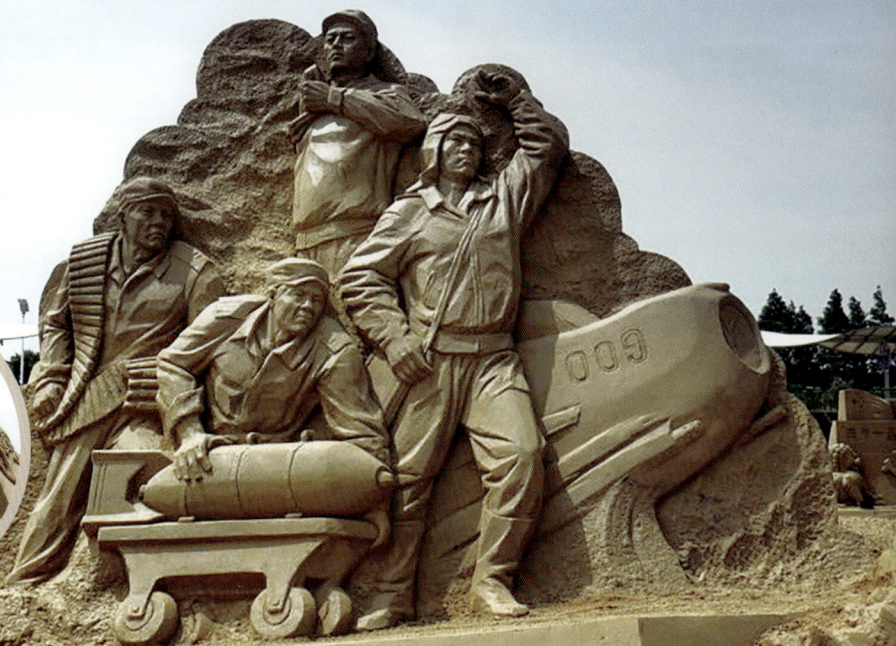

尺寸: 20.21×30×6米

NO: 05483
2021.07

# 最大的"中国共产党成立100周年庆祝活动标识"主题灯光艺术造型

该灯光艺术造型以"中国共产党成立100周年庆祝活动标识"为原型，采用钢架结构，整体红色内光及表面金色LED动态光源DMX512联动控制技术建造，重60吨。2021年6月11日由申暄城市建设集团制作完成，展于上海东方明珠的黄浦江畔。

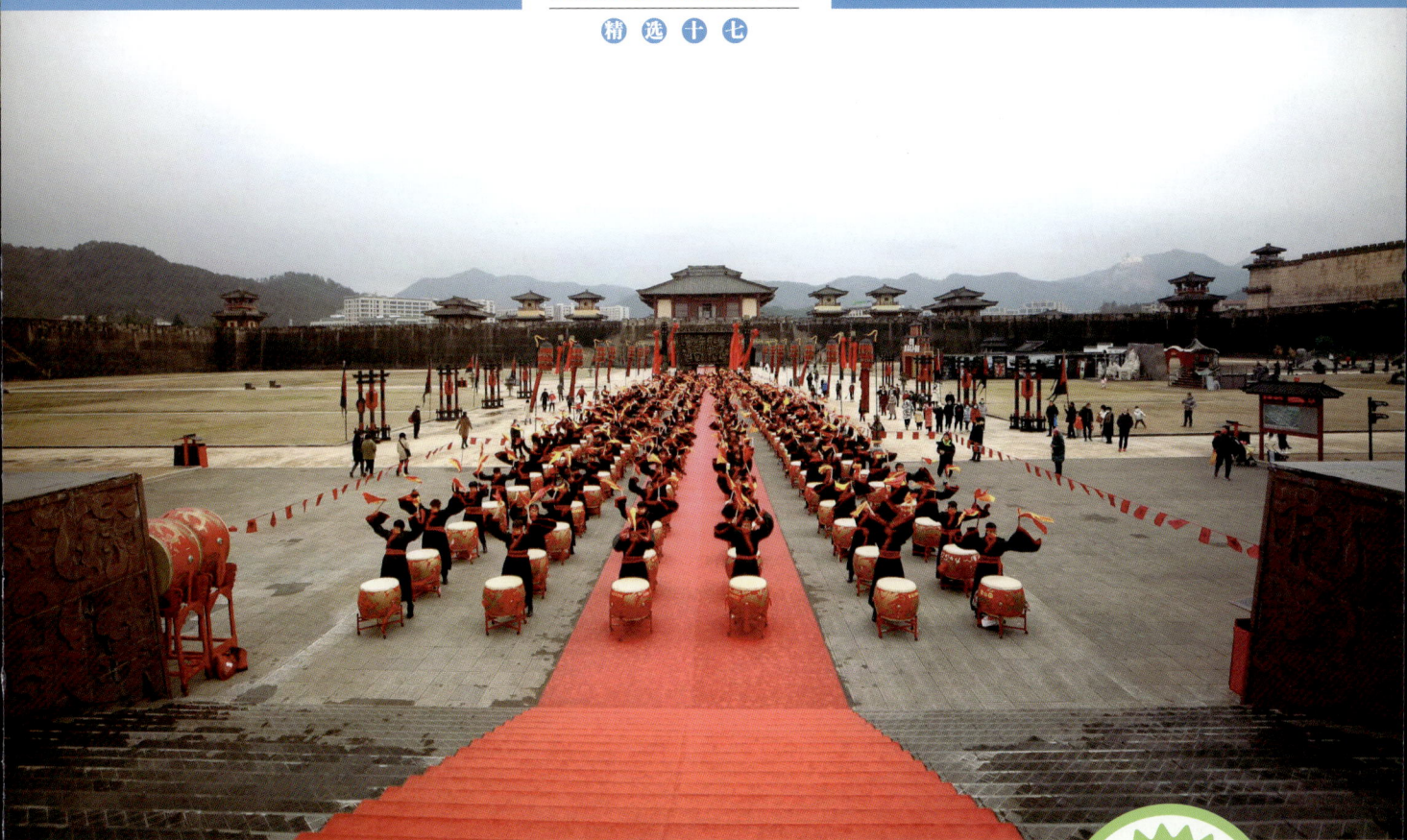

NO: 05551
2022.02

人数: 360 人

## 参与人数最多的击鼓传花活动
### ——"横店过大年: 百鼓迎新春"

2022 年 2 月 1 日由浙江横店影视城有限公司主办的"横店过大年: 百鼓迎新春"活动在浙江横店影视城秦王宫景区举行, 活动现场 360 位游客共同参与完成"击鼓传花"活动。

NO: 05507
2021.09

长: 21.18 米 宽: 2.4 米
高: 0.78 米

# 最长的海派家具制作技艺会议桌
## ——"亚振家居"

　　该会议桌采用海派设计、螺钿镶嵌、薄木镶拼、双包镶制板、海派雕刻、艺术涂装等海派家具技艺（2015年入选《第五批上海市非物质文化遗产代表性项目名录》）制作而成，含贝壳镶嵌 5293 处，艳阳花、酸枝木、枫木、桃花心树杈薄木相拼 2213 处，镶嵌铜条 92.3 米，手工雕刻部件 52 处。

　　亚振家居股份有限公司于 2013 年 4 月至 2013 年 6 月制作完成。

长: 1.3 米 宽: 1.34 米
高: 1.92 米

## 最大的海派家具制作技艺椅子
### ——"亚振威尼斯椅"

该威尼斯椅采用海派雕刻、艺术涂装、海派软包、手绘描金等海派家具制作技艺（2015 年入选《第五批上海市非物质文化遗产代表性项目名录》）制作而成，手工泡钉 569 颗。

亚振家居股份有限公司于 2011 年 2 月至 2011 年 4 月制作完成。

NO: 05506
2021.09

**面积：28146 平方米**

# 中国规模最大的"冰汤圆"天然冰雪景观

该天然冰雪景观位于吉林省洮南市四海湖国家湿地公园内，2021 年 11 月由于雪和湖面的冰水在大风的吹动下，形成冰雪球，经气温速降，将 213 万余颗冰雪球冰封于湖面之下而形成。

吉林省洮南市水利局于 2022 年 2 月申报。

面积：31.2 平方公里

# 栽培荷花面积最大的景区
## ——金湖荷花荡

金湖荷花荡景区为国家 4A 级旅游景区，位于江苏省淮安市金湖县塔集镇境内，栽培荷花面积共 31.2 平方公里（含核心区域 8.53 平方公里、周边区域 22.67 平方公里）。

NO: 05487
2021.07

直径: 7.1米

# 最大的铜锣
## ——"天下第一锣·红安铜锣"

该铜锣由红安锦绣天成房地产开发有限责任公司于2020年12月至2021年10月采用铜质材料建造而成，现置于红安钓鱼台文旅康养小镇白马山山顶。

NO: 05529
2021.12

高: 3.65 米

NO: 05557
2022.03

# 最高的宝瓶造型木雕作品（一对）
## ——花开盛世大宝瓶

　　该宝瓶以牡丹为题，选用香桧木、大果紫檀为材，运用浮雕、圆雕等技法雕刻而成，瓶身雕有牡丹花、狮子面部、大象面部、祥云、万字纹等造型图案。

　　吕国强（浙江·东阳）于 2008 年 3 月至 2010 年 4 月设计、制作。

人数: 1000 人

NO: 05472
2021.06

# 参与人数最多的童声合唱 MV 拍摄活动

2021 年 6 月 6 日由中国少年儿童发展基金会主办、天使童声合唱团协办的"少年儿童心向党——千人童声 礼赞百年"北京古北水镇·司马台长城特别活动在北京古北水镇（司马台长城）国际旅游度假区举行，现场共计 1000 位天使童声合唱团团员参与合唱同一首以"为党庆生"为主题的歌曲《中国》，并拍摄 MV。

NO: 05471
2021.06

人数: 1400 人

# 人数最多的童声合唱团
## ——天使童声合唱团

　　天使童声合唱团成立于 2011 年 11 月，现于北京及上海设有 23 个分团，团内成员共计 1400 人（年龄跨度：5 岁至 16 岁），累计参加大型演出 800 余场。

最长处: **60.08 米**
最宽处: **18.6 米**  最高处: **16.8 米**

# 最大的夯土、木、石砌结构牌楼
## ——"恋乡·太行水镇牌楼"

该牌楼位于河北省保定市易县安格庄村恋乡·太行水镇,采用夯土、原木、毛石等材料于 2016 年 9 月建造完成。

王树琪(河北·涿州)设计,河北恋乡旅游开发有限责任公司管理。

NO: 05510
2021.09

NO: 05542
2022.01

直径: 28 米 高: 24 米

# 中国最大的鸟笼

　　该鸟笼位于江苏省溧阳市天目湖南山竹海景区，采用钢架结构建造而成。

　　2021 年 11 月竣工，现由溧阳市天目湖南山竹海旅游有限公司管理。

平均时长：10 小时

# 烤制时间最长的毛豆小吃
## ——亭林炙豆

　　"亭林炙豆"系上海市金山区亭林镇传统毛豆小吃，选用毛豆、食盐、糖为原料炙烤而成，平均时长 10 小时。

　　上海市金山区亭林镇人民政府于 2021 年 1 月申报。

NO: 05476
2021.06

亭林炙豆

NO: 05442
2021.03

面积: 29.6 万亩

# 富硒金丝小枣种植面积最大的县级市
## ——山东省乐陵市

乐陵市隶属于山东省德州市下辖县级市，1995 年被国家林业局命名为"金丝小枣之乡"，全市金丝小枣种植面积 29.6 万亩，每公斤硒含量 0.0059 毫克。

# 最大的仿古酒坛造型建筑（钢结构）
## ——"天下第一坛"

该酒坛造型建筑位于贵州省仁怀市茅台镇梅子坳村千斤垭，采用钢结构、混凝土建造而成，集酱酒储存、展示、品鉴体验等功能于一体。

2021 年 12 月竣工，由贵州省仁怀市茅台镇古坛老窖酒厂管理。

高: 14.06 米
最大直径: 9.34 米

最长处: 8 米　最宽处: 4 米
最高处: 8.3 米

# 最大的酒爵造型雕塑

该酒爵雕塑位于上海市嘉定区博园路 1016 号"世界酒博园"内，2016 年 1 月以镀锌钢材、黄铜板等为材，运用焊接、锻造、抛光等工艺手法建造而成。

上海吉马国际酒业发展有限公司管理。

**长：666 米**

## 最长的《康巴拉伊》藏文书法长卷

"康巴拉伊"系藏族民间拉伊集成，为国家级非物质文化遗产。

该藏文书法长卷由义西·尼永（青海·玉树）于2018年8月至2021年8月选用铁质8号口排笔以藏文"吾梅智擦字体"手抄而成，约1.5万字。现收藏于唐蕃古道文化博物馆。

NO: 05475
2021.06

NO: 05462
2021.05

## 最长的木版年画长卷
——《画说党史 百年辉煌》

**长：36 米 宽：0.5 米**

该长卷以中国共产党成立100年来的历史为题材，采用手工绘稿、雕版、套印、装订工艺展示了100幅杨家埠木版年画并装裱成卷，刻版共计609块。

山东正金文化传媒有限公司于2013年3月至2021年5月组织人员制作完成。

长度：7432 米

NO: 05453
2021.04

## 最长的风筝
——"正大蛋业（山东）有限公司挑战大世界基尼斯之最"

该风筝以鸡蛋为造型，选用传统竹子为骨架，仿真丝材质制作而成，共计 2494 片腰片相串联，平均每片间距 2.98 米。

2021 年 4 月 18 日由正大蛋业（山东）有限公司放飞。

人数: 476 人

## 参与人数最多的风筝（含统一标识）放飞活动

2021年4月24日由保利·和光屿湖承办的"行梦沈阳，天空的奇想'沈阳市于洪区政府 保利·和光屿湖'首届沈阳城市风筝节"在沈阳市于洪区丁香东湖公园举行，现场476名游客参与放飞含保利·和光屿湖标识的风筝。

NO: 05455
2021.04

人数: 32人

# 最多肢体（下肢）残疾人组成的轮椅乐队
## ——"北科参奥轮椅乐团"

NO: 01944
2007.05

　　该乐团成立于 2005 年 9 月 1 日，由北京科技职业学院参奥特殊艺术学院师生共同组成，主要团员为全国 18 个省、市的优秀残疾人大学生和部分志愿者，现能演奏（唱）的中外著名乐曲（歌曲）达 60 余首，其中有《春节序曲》《春江花月夜》《拉德斯基进行曲》《长征组歌》等。

# 圆梦奥运·倾情非遗
## ——全国自强模范朱英华简介

　　朱英华，全国自强模范，北京市青年榜样。世界非遗大会执行主席，中国健康产业投资基金副总裁，非遗健康事业中心主任，北京华夏清正非物质文化遗产保护有限公司董事长。2008 年北京残奥会开闭幕式编导，指挥轮椅乐团奏响残奥会开幕式第一乐章，轮椅乐团入选大上海基尼斯之最。挖掘推荐近十项大世界基尼斯纪录，被聘为"大上海基尼斯理事会顾问"。

# "城市景酒"
# 彩版上海系列

　　"城市景酒"上海系列是中国第一组以城市经典地标为内容，以水彩艺术为特色，以茅台大师酿制酒为核心的酱香型白酒。它的诞生标志着中国传统"白酒文化"向现代"文化白酒"的跨越升级。

　　该系列由文创名家胡建勇、设计名家任全翔、酿酒名家余方强和藏酒名家李耀强联袂而成。

　　上海如海，地标百态。地标文化是一座城市风骨、灵魂和精神的外化标志物。地标中蕴藏着丰富多彩的历史信息，散发着历久弥新的文化气息，它是中国认识上海的一个窗口，是世界连接上海的一条纽带。"城市景酒"上海系列全套 6 瓶组成，分别为外滩、陆家嘴、南京路、淮海路、新天地和豫园。该系列酒瓶为瓷质，每瓶容量 500 毫升，酒精度 53 度，产地茅台镇，中国酱香酒酿酒大师余方强勾调，贵州省茅台镇夜郎古酒业股份有限公司出品。

　　"城市景酒"盛装而来，不负时代，具有五大价值——

　　一是原创：地标融酒，绝无仅有；二是正宗：大师酱香，九代传承；三是品质：纯正坤沙，陈年窖藏；四是艺术：酒瓶绘画，出自名家；五是收藏：藏协荐藏，保真超值。

落差: 325 米

# 中国落差最大的亲水梯级瀑布
## ——天台山大瀑布

该瀑布位于浙江省台州市天台山景区，呈梯级状，落差总高 325 米，最大宽度 100 米，可供游客亲水嬉戏。浙江天台山旅游集团有限公司管理。

NO: 05561
2022.04

NO: 05446
2021.03

高: 11.1米 宽: 9.1米

## 最大的山水风景油画（室内）

　　该作品由陈可之（重庆）2019年11月至2020年1月以桂林漓江"黄布倒影"景观为题材，采用油画颜料绘制而成，现展于桂林宏谋大酒店大堂。

NO: 05415
2020.10

尺寸: 16×10 米

## 汽车拖行最大的旗帜
——"长安凯程 F70 挑战大世界基尼斯纪录活动"

2020 年 10 月 31 日由河北省保定长安客车制造有限公司主办的"长安凯程 F70 挑战大世界基尼斯纪录"活动在甘肃省敦煌市丝绸之路(敦煌)国际会展中心举行,现场车手驾驶长安凯程 F70 汽车(手动挡 2.4T,车辆识别代号:LSCBBZ2P7LG738879)拖行旗帜行驶 300 米,使旗帜飞离地面并保持 10 秒。

里程：1728 千米

NO: 05433
2021.01

# 单日汽车（微卡）行驶里程之最
## ——"福田祥菱 V3 挑战大世界基尼斯之最"

2020 年 12 月 24 日 13 时 30 分至 12 月 25 日 13 时 30 分由中国汽研股份有限公司、北汽福田汽车股份有限公司福田祥菱共同主办的"福田祥菱 V3 挑战大世界基尼斯之最"活动在重庆市大足区邮亭镇经开大道 9 号中国汽研智能网联汽车实验基地举行，现场车手驾驶福田祥菱 V3 微卡（1.6L 单排，车架号：LVAV2JVB5LE272185）在 24 小时内累计行驶里程 1728 千米。

里程：298 千米

# 单次充电（44.9kw·h）续航里程最长的纯电动微卡
## ——"福田祥菱 EV"

该福田祥菱纯电动微卡由北汽福田汽车股份有限公司旗下福田祥菱自主研发，其动力电池容量为 44.9kw·h。2022 年 6 月 10 日，福田祥菱纯电动微卡（整车型号：BJ1031EVJA3，车辆识别代号：LVAV2J4BXNE315522）充至满电，一名车辆驾驶员在重庆市中国汽研智能网联汽车试验基地行驶至电量耗尽为止，最终该车辆仪表盘显示续航里程为 298 千米。

NO: 05571
2022.06

数量: 17500 株

## 拥有千年枣树最多的古枣树群

该古枣树群位于山西省稷山县万亩城郊板枣园区（国家板枣公园）内，园内种植树龄千年以上古板枣树 17500 株，树龄五百年以上古板枣树 50000 株。

山西省稷山县枣业发展服务中心管理。

NO: 05404
2020.09

**高: 65.8 米**

## 最高的由旧建筑改造而成的镶坑

该镶坑位于新疆维吾尔自治区克拉玛依市丝路小镇综合贸易广场，坑体由旧建筑改造而成，高 65.8 米，内部直径 14.5 米，占地面积 165 平方米。

2020 年 9 月建造完成，克拉玛依市喜欢餐饮管理有限责任公司管理。

NO: 05413
2020.10

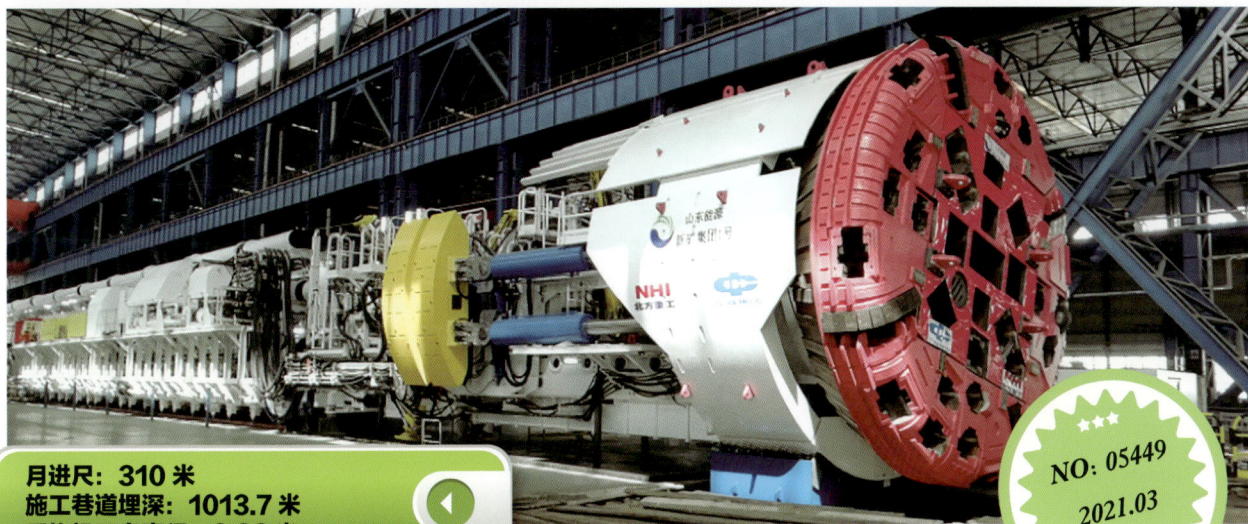

月进尺: 310 米
施工巷道埋深: 1013.7 米
盾构机刀盘直径: 6.33 米

NO: 05449
2021.03

## "大埋深、大直径"条件下煤矿岩巷 TBM 单月进尺之最

由中煤隧道工程有限公司承建的山东新巨龙公司 −980 米水平北区回风大巷井巷工程位于山东省菏泽市巨野县龙堌镇，采用盾构 TBM 方式施工。2021 年 1 月在"大埋深、大直径"条件下实现单月掘进进尺 310 米。

**数量: 294 对**

# 最多对亲子参与的轨道玩具搭建活动（线上）

2021 年 10 月 24 日由宁波怡人玩具有限公司主办的"Hape 最萌火车工程师挑战大世界基尼斯"活动中，294 对亲子在上海市桃源·π 商业广场、东方电视台等 4 个会场以线上直播的方式共同搭建轨道玩具。

NO: 05520
2021.10

人次：1158 人次

NO: 05485
2021.07

# 累计参与人次最多的足印画活动

2021 年 7 月 9 日至 11 日由上海岳峰置业开发有限公司主办的"凯德虹口·势'步'可挡"活动在上海市虹口区凯德虹口商业中心 A 座 B1 举行，累计 1158 人次参与完成以虹口区地图为主题的足印画。

海拔：4466 米

# 海拔最高的牦牛乳品厂
## ——西藏嘎尔德生态畜牧产业发展有限公司

NO: 05434
2021.01

　　该牦牛乳品厂位于西藏自治区那曲市色尼区罗玛镇凯马村，主营牦牛乳品加工、牦牛养殖等畜牧业产业，厂区占地面积191.77亩。

　　西藏嘎尔德生态畜牧产业发展有限公司申报。

**海拔：4249 米**

NO: 05426
2020.12

## 海拔最高的茶叶加工厂
——珠姆纳茶加工厂

珠姆纳茶加工厂位于青海省果洛藏族自治州玛多县花石峡镇，该厂加工珠姆纳茶（无尾果茶）。

玛多东格措纳特色产业开发有限责任公司管理。

面积：166.92 平方米

## 最大的不锈钢管拼图
—— "世界地图"

该拼图由山东盛阳集团有限公司设计制作，采用三万余根外径 50.8 毫米的 304 不锈钢管焊接而成，高 16.81 米，宽 9.93 米。

2018 年 4 月展示于山东省临沂市罗庄经济开发区盛阳集团多功能展厅。

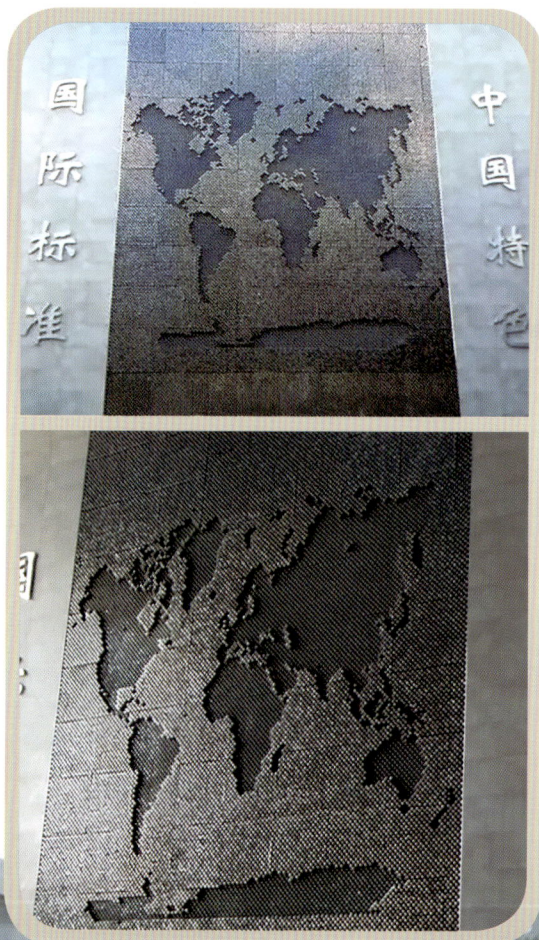

NO: 05581
2022.07

数量：91900 根

NO: 05405
2020.09

## 最多玉米组成的图案

2020 年 9 月 26 日由河北恋乡休闲农业发展有限公司主办的"最多玉米组成的图案挑战大世界基尼斯纪录"活动在河北省保定市易县太行水镇玉米冒险村举行，现场工作人员将 91900 根玉米组成"龙"形图案并晾晒于活动现场。

# 中国最大的纯手工薄胎荷口斗笠碗

NO: 05606
2022.10

该薄胎荷口斗笠碗由熊友根（江西·景德镇）、熊国安（江西·景德镇）于1994年9月至1996年12月在江西省景德镇市河西茶山坯房内以纯手工烧制而成。

直径：1.16 米
高：0.57 米 厚：0.3 厘米

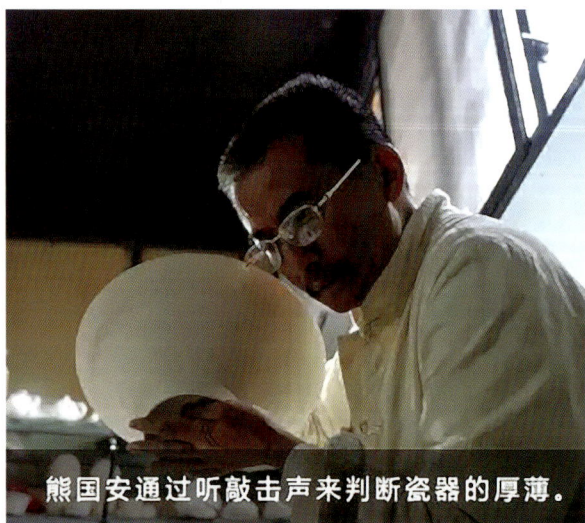

熊国安通过听敲击声来判断瓷器的厚薄。

熊国安，艺名熊老二，祖籍江西丰城，1964年生于景德镇，12岁作为薄胎瓷特艺传承人，被特招进入景德镇艺术瓷厂随父学艺，高级技师，系非物质文化遗产薄胎瓷制作技艺传承人。

1976年因国家拯救失传手工薄胎瓷技艺，被特招为传艺之徒，随父学习手工技艺。

1977年就进入艺术瓷厂特种工艺研究所，所谓特种，即工艺难度较大，从业人员较为稀少之瓷艺种类。

1987年11月15日创作设计42厘米斗笠薄

熊友根、熊国安父子烧制的薄胎荷口斗笠碗。

胎碗获"景德镇青年陶瓷美术作品青春杯大奖赛"二等奖。

1988年制出34厘米窑变16角蒲胎荷叶碗荣获第二、三届百花奖，并刊登在《景德镇日报》上。

1990年荣登《瓷国明珠》景德镇艺术瓷厂名人名作。1992年4月参加研制特大型釉口薄胎碗获江西省优秀新产品个人成果优秀新产品奖。

1992年12月参与特大型釉口薄胎碗获景德镇科学技术进步奖。

1994年被台湾主星企业集体聘请为主星陶瓷厂厂长。

2000年参与制作1.2米特大型荷叶薄胎碗。

2011年成功制作出历代未见过的直径50厘米、高17厘米的薄胎窑变《荷叶》薄胎碗。同年景德镇电视台采访播出。

2012年4月21日荣获非物质文化遗产传统薄胎瓷制作技艺代表性传承人，同年艺术资厂为弘扬发展瓷都传承，经文化局研究决定，特授艺术瓷厂特种工艺研究所，挂牌于熊友根窑展厅。

2013年5月作品收录进《中国瓷都陶瓷传人》一书。8月作品入选《瓷韵乡情——景德镇丰城籍陶瓷艺术家作品选》。

2014年参加CCTV9套拍摄的大型纪录片《景德镇》。中央电视台历经4年拍摄收集景德镇传统制瓷技艺，并于2018年8月在中央电视台9套播出，反响很好。

2018年8月被文物出版社出版的《匠心冶陶》收录为国家文化和自然遗产保护设施项目，以及国家非物质文化遗产数字化保护项目。11月被北京三联周刊采访登上版面。

2019年3月被《创意景德镇》栏目专访登上景德镇电视台。2019年11月代表景德镇薄胎瓷登上"学习强国"平台。

2021年5月被《景德镇瓷都晚报》刊登的"薄胎瓷上的极致匠心"系列报道。

2021年7月被《景德镇日报》刊登的《极致匠心：深夜与瓷对话》一文报道。

2021年8月荣获省级非物质文化遗产"薄胎瓷艺"传承人。

**石眼数量: 608 个**

# 含天然石眼（3 厘米以上）最多的端砚
## ——"中华神龙砚"

NO: 05573
2022.06

该端砚产自广东省肇庆市端州区，最长处 1.76 米，最宽处 1.56 米，最厚处 0.65 米，重约 1.65 吨，于 2018 年 2 月至 2022 年 3 月雕刻完成。

黄尔焜（广东·肇庆）于 2022 年 3 月收藏。

# 最大的宋坑端砚
## ——"盛世中华砚"

NO: 05575
2022.06

该端砚取材宋坑，运用深雕、镂空雕、通雕、浮雕、浅雕等技法于 2016 年 5 月至 2021 年 11 月雕刻完成。

张啟平（广东·肇庆）于 2022 年 1 月收藏。

**尺寸: 3.28×2.63×0.98 米**

NO: 05576
2022.06

长: 3.87 米 宽: 2.48 米

## 最大的端砚拓片

该拓片由梁弘健、梁思勇、莫少锋、孔凡湛、梁家溢在宣纸上运用扑拓和擦拓技法于 2018 年 3 月至 5 月拓制而成。

龙瓶尺寸: 120×75×70 厘米
凤瓶尺寸: 120×75×68 厘米

## 最大的端砚石雕刻花瓶（一对）

该对花瓶以绿端石为材，运用镂空雕、立体雕等技法于 2016 年 3 月至 2019 年 5 月雕刻完成。夏健雄（广东·肇庆）于 2019 年 5 月收藏。

NO: 05577
2022.06

人数: 1508 人

## 规模最大的野钓竞赛活动

2020 年 11 月 7 日至 8 日由中华全国体育总会、中国钓鱼运动协会、南平市人民政府主办，中共南平市委宣传部、南平市体育局、南平市建阳区人民政府承办的"2020 年'武夷山水——圣农杯'全国郊野钓鱼大赛"在南平（建阳考亭）国家垂钓基地举行，现场 1508 人参与野钓竞赛活动。

NO: 05418
2020.11

NO: 05403
2020.09

人数: 104836 人

# 规模最大的瑜伽健身活动（线上＋线下）
## ——"2020 年'佳贝艾特'中国成渝双城万人瑜伽大会"

2020 年 9 月 20 日在四川省社会体育指导中心、重庆市社会体育指导中心主办的"2020 年'佳贝艾特'中国成渝双城万人瑜伽大会"中，104836 名瑜伽爱好者分别在四川省和重庆市 11 个会场以及线上直播平台齐练瑜伽健身。

数量：43 处

NO: 05416
2020.11

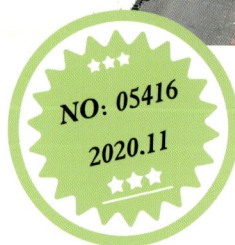

# 规模最大的抗日军政大学总校旧址群
## ——"太行山抗日军政大学总校旧址群"

太行山抗日军政大学总校旧址群于 1940 年 11 月建立，分布于河北省邢台市信都区浆水镇境内，共计 43 处，总占地面积 163 平方公里，由邢台市信都区浆水镇人民政府管理。

人数: 50

NO: 05409
2020.10

# 最多"中国好人"参与的好人故事传承交流活动
## ——"中国·平乡 2020 年第三届好人故事传承交流活动"

2020 年 10 月 15 日至 16 日由中共平乡县委、平乡县人民政府主办的"中国·平乡 2020 年第三届好人故事传承交流活动"在河北省平乡县举行，该活动以"大善至美·好人平乡"为主题，共计 360 人参加，含 50 位由中国文明网评选出的"中国好人"代表。

NO: 05411
2020.10

尺寸: 220×0.7米

# 单日书写最长的爱国主题书法长卷
## ——"中国平乡·第二届民间高手杯全国书法大奖赛千人同书'祖国万岁'"

2020 年 10 月 18 日由平乡县人民政府主办的"中国平乡·第二届民间高手杯全国书法大奖赛千人同书'祖国万岁'"活动在河北省平乡县国际会展中心举行，现场书法爱好者在长卷上书写"祖国万岁"。

NO: 05395
2020.08

人数: 158 人

## 参与人数最多的接力拉酒线活动
——"酣客酱酒接力拉酒线活动"

2020 年 8 月 8 日由酣客酒业有限公司主办的"酣客酱酒接力拉酒线活动"在山东省青岛市崂山区青岛国际会展中心举行，现场 158 位参与者以接力形式使用"酣客酱酒"拉酒线。

**直径: 2.4 米 重量: 1600 斤**

# 最大锅猪肉烩酸菜

2020 年 12 月 12 日由内蒙古巴盟人家餐饮有限公司主办的"2020 巴盟人家年猪美食节"在内蒙古包头市巴盟人家·花海迎宾（九原店）举行，现场厨师将 400 斤猪肉、1000 斤酸菜和 200 斤土豆放入直径 2.4 米的铁锅内烹制并供市民免费品尝。

NO: 05425
2020.12

直径：1.6 米　高：0.99 米
层数：9 层

# 最大的浩乳德（拼接）
## ——"礼仪奶酪盘"

该浩乳德（奶豆腐）由镶黄旗乳香飘乳业有限公司娜仁高娃（内蒙古）、格日乐图（内蒙古）以20499千克鲜奶为原料加工制成211块铸花浩乳德（奶豆腐）并拼接而成，直径1.6米，高0.99米。2020年10月17日展示于内蒙古自治区"全区推动民族传统奶制品产业发展现场会"。

NO: 05410
2020.10

NO: 05457
2021.05

直径: 3 米 厚: 0.02 米

## 中国最大的蒿子粑粑

　　该蒿子粑粑由六安百盛置业有限公司策划，选用蒿叶、米粉、腊肉、食盐、白糖等食材制作。2021 年 5 月 4 日展于安徽省六安市金安区百盛中心。

尺寸：20.02×2×0.13 米

NO: 05353
2020.01

## 中国最大的年糕（拼接）

　　该年糕由阜平县顾家台骆驼湾旅游发展有限责任公司策划，选用黄米面、阜平大枣、水等食材制作、拼接而成，总重 3.816 吨。2020 年 1 月 24 日展于河北省保定市阜平县龙泉关镇骆驼湾村小吃街广场。

**重量: 832 斤**

# 最重的奶豆腐

　　该奶豆腐由阿鲁科尔沁旗赛罕塔拉苏木人民政府、阿鲁科尔沁旗奶食品协会共同制作而成，重832斤，长1.59米，宽0.8米。2020年8月25日展示于"乳香飘·阿鲁科尔沁旗第二届奶食文化节"上。

NO: 05397
2020.08

尺寸：15×10 米

# 最大的辣椒拼图
## ——"四羊方尊"

2020 年 8 月 29 日由湖南省长沙市宁乡市黄材镇人民政府主办的"魅力宁乡·火辣炭河辣椒节"在湖南省宁乡市炭河古镇举行，现场主办方组织员工将红、黄两色辣椒拼成"四羊方尊"图案。

NO: 05400
2020.08

**数量：18000 瓶**

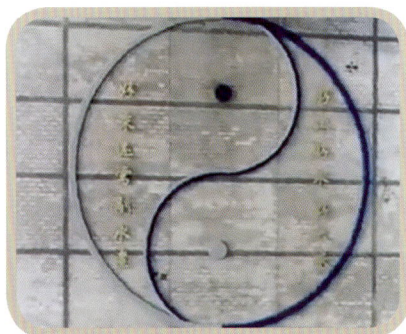

## 由最多瓶装大米拼成的图案

2020 年 5 月 17 日由安徽品贡香生态农业科技有限公司主办的"最多瓶装大米拼图案——'好山好水好大米·好米还需剐水煮'大世界基尼斯挑战活动"在安徽省霍山县迎宾大道大别山野岭饮料股份有限公司后院广场举行，现场主办方组织员工将 18000 瓶品贡香剐米拼成太极等图案。

NO: 05373
2020.05

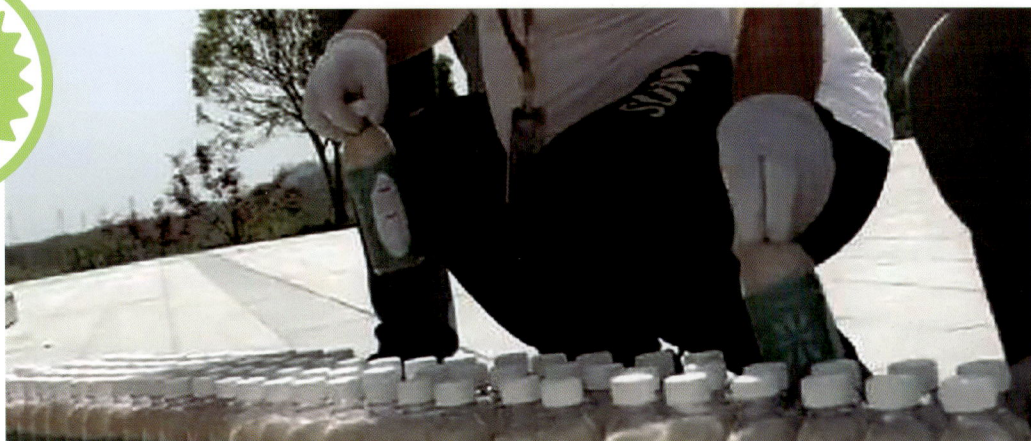

面积：1226.99 平方米

## 稻捆组成的最大汉字
——"寿"

NO: 05512
2021.09

2021 年 9 月 17 日由黑龙江省哈尔滨市延寿县加信镇人民政府主办的"稻捆组成的最大汉字 ——'寿'"挑战活动在延寿县举行，现场工作人员将 11000 捆稻捆组成汉字"寿"并展示于活动现场。

古蔺县蔺川农业开发有限公司管理。

NO: 05541
2022.01

数量：2191 道

## 每日持续出品素食菜谱数量最多的寺庙（不重样）
——珠海普陀寺

珠海普陀寺位于广东省珠海市香洲区金凤路 1888 号，于 2015 年 11 月 25 日至 2021 年 11 月 25 日以网络和纸质画册为载体，采用图片、文字及视频的形式，每日持续出品 2191 道不重样的素食菜谱。

铃铛收藏家
叶坚华的铃铛情缘

叶坚华，中国铃铛收藏界的代表性人物。自幼受中国古代文化的熏陶，十分喜爱历史文化和古典文学。近30年来，在繁忙的工作之余，对收藏古今中外的铃铛情有独钟。尤其是了解到国外铃铛收藏人员众多、历史悠久，而且日趋升温，国内铃铛收藏还是空白时，他感到有责任传播和扩大铃铛收藏这一门类。弘扬中国千年的铃铛文化，一路走来、一路积淀，一路收获、一路播撒。他的铃铛收藏前十年以收藏为主，后十年以研究为主，第三个十年以传播为主。可以说，不断从量变到质变，从兴趣爱好到潜心研究，再到文化传播，逐步形成了自己的风格和发展轨迹。

上海大世界基尼斯总部

大世界基尼斯之最

收藏铃铛品种数量最多的人
——"古今中外铃铛收藏家叶坚华"

叶坚华（上海）自1994年1月至2020年5月收藏中国古代铃铛500个、中国近现代铃铛1500个、国外近现代铃铛2200个，共计4200个，含3800个品种。

NO: 05375
2020.05

**数量: 3800 种**

# 收藏铃铛品种数量最多的人
## ——古今中外铃铛收藏家叶坚华

　　叶坚华（上海）于 1994 年 1 月至 2020 年 5 月收藏中国古代铃铛 500 个，中国近现代铃铛 1500 个，国外近现代铃铛 2200 个，共计 4200 个，含 3800 个品种。

数量：7座

NO: 05439
2021.02

# 建有环湖景观桥数量最多的人工湖
## ——滴水湖

　　滴水湖环湖景观带景观桥位于上海市浦东临港新片区滴水湖环湖景观带公园内，分别名为"赤龟桥""橙卉桥""黄篓桥""绿荷桥""青缎桥""蓝藻桥""紫浪桥"，共计7座。2020年9月竣工，上海港城开发（集团）有限公司管理。

NO: 05440
2021.02

全长：8.7 千米

## 最长的蓝色透水沥青慢跑道

该跑道位于上海市浦东临港新片区滴水湖环湖景观带公园内，采用3厘米厚蓝色透水沥青面层、5厘米厚粗粒透水沥青混凝土、20厘米厚C20透水混凝土垫层、20厘米厚级配碎石垫层、下部素土夯实做法建造完成。

2020年9月竣工，上海港城开发（集团）有限公司管理。

距离：80 米　靶直径：80 毫米
钢珠直径：7.5 毫米

## 弹弓命中距离之最

2020 年 10 月 6 日由中共黄龙县委、黄龙县人民政府主办，黄龙县文化和旅游局、黄龙县教育科技体育局承办的"2020 年弹弓远射王大世界基尼斯纪录挑战赛"在陕西省延安市黄龙县全民健身运动中心举行，现场参赛选手吴楠（江西·鹰潭）用弹弓射靶，距离 80 米。

NO: 05407
2020.10

人数：191 人

NO: 05450
2021.04

## 个人发起参与人数最多的国际旅行主题年会
—— "2020 中国首届走遍世界国际旅行家年会"

该年会由陈广明（河南·焦作）个人发起，于 2021 年 1 月 23 日在湖北省武汉市武昌区五月花大酒店举行，共计 191 位国际旅行爱好者分别在主会场及微信视频分会场参与此次年会。

**场次：108 场**

## 个人连续每日领跑马拉松场次之最

赵俊颖（云南·大理）于 2022 年 3 月 4 日至 6 月 19 日连续每日带领跑友在云南省大理市下关洱海生态廊道跑完全程马拉松（42.22 公里），累计用时 455 小时 02 分，每场平均用时 4 小时 12 分，共计 108 场。

NO: 05572
2022.06

累计划行里程数：167.16 公里

NO: 05540
2022.01

# 规模最大的赛艇穿越大运河活动

"运河深潜——赛艇穿越大运河"活动由深潜运动健康（深圳）有限公司主办，参赛选手于 2021 年 9 月 1 日至 2021 年 10 月 13 日从北京出发，途经天津、沧州、泰安、苏州、宁波等 19 个城市，沿途参观、考察、传播运河文化，累计划行里程 167.16 公里。

**数量: 28 个**

NO: 05583
2022.07

## 少儿连续单手交替后空翻数量之最

梁袁睿（浙江·绍兴）2014 年 9 月 24 日出生，于 2022 年 6 月 30 日在浙江省绍兴市新昌县小将镇南洲罗汉堂内连续单手交替后空翻 28 个，用时 23 秒。

**累计长度: 168 米**

## 最长的《奥林匹克宪章》书法册页（累计）

姚景林（北京）于 2004 年 5 月至 11 月以毛笔抄写《奥林匹克宪章》，共计 10 册，约 7 万字。

NO: 05590
2022.07

**高差：318.12 米**

# 拥有相对高差最大洞厅的景区
## ——大黑洞景区

该景区位于四川省泸州市古蔺县箭竹苗族乡团结村，为喀斯特地形地貌，占地4800亩，其大黑洞内莲花山洞厅相对高差为318.12米。

古蔺县蔺川农业开发有限公司管理。

NO: 05587
2022.07

NO: 05588
2022.07

数量：33 种

## 含有游乐项目数量最多的溶洞
### ——大黑洞

该溶洞位于四川省泸州市古蔺县箭竹苗族乡团结村大黑洞景区内，含有地心漂流、网红秋千、步步惊心、空中自行车、彩虹船、观光小火车等 33 种游乐项目。古蔺县蔺川农业开发有限公司管理。

网红秋千

重量：6.86 吨

NO: 05500

2021.08

# 最轻的不锈钢液罐（容积 47m³）半挂车

该液罐半挂车（产品型号：WL9404GRYD47Y，车辆识别号：LRJ98RG30M0010105）由芜湖中集瑞江汽车有限公司自主研发，其液罐筒体材质为不锈钢，容积为 47 立方米，重量为 6.86 吨。

NO: 05374
2020.05

额定起重量: 1200 吨
外跨度: 44 米

## 最大的轮胎式起重机
## ——"TLMEL 型 1200t"

　　该起重机为单梁结构，主梁结构形式为双层结构箱形梁，以柴油机为动力，全液压传动。起升系统由四套液压卷扬机和起重小车组成，起升高度 18 米；底盘配有 88 只充气轮胎，可进行 90 度方向转换。

　　中铁大桥局集团有限公司承建，2018 年 4 月建设于宁波舟山港。

冻结深度：990 米

# 立井井筒冻结法施工深度之最

由中煤邯郸特殊凿井有限公司施工的高家堡煤矿西区进风立井井筒冻结工程于 2019 年 3 月 6 日至 2021 年 3 月 21 日采用主冻结孔加防片帮冻结孔的冻结方式施工，井筒净直径 6.5 米，冻结深度 990 米。

NO: 05607
2022.10

NO: 05608
2022.10

冻结段斜长: 1109.3 米

# 斜井井筒冻结法施工长度之最

由中煤邯郸特殊凿井有限公司施工的马城铁矿主斜坡道冻结工程（该铁矿由首钢滦南马城矿业有限责任公司建设）于 2018 年 4 月 20 日至 2022 年 6 月 5 日采用分段冻结方式施工，冻结段斜长 1109.3 米。

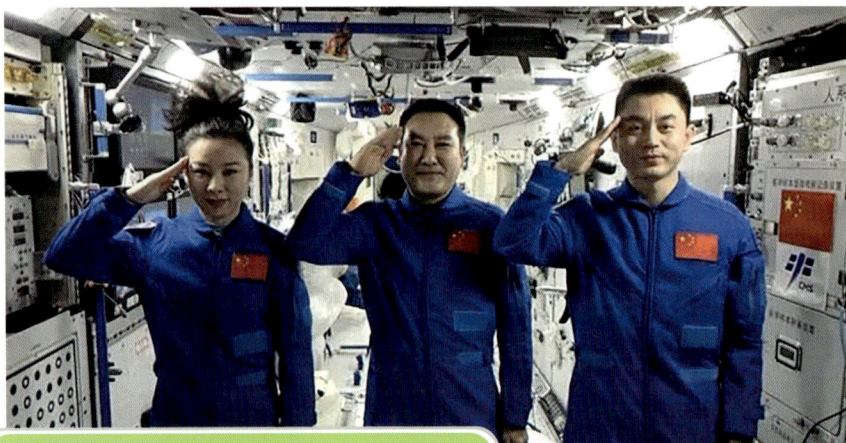

**驻留时间：183 天**

# 在轨驻留时间最长的载人航天飞行任务
## ——"神舟十三号"

北京时间 2021 年 10 月 16 日 0 时 23 分，搭载"神舟十三号"载人飞船的长征二号 F 遥十三运载火箭，在酒泉卫星发射中心按照预定时间精准点火发射，约 582 秒后，"神舟十三号"载人飞船与火箭成功分离，进入预定轨道，顺利将翟志刚、王亚平、叶光富 3 名航天员送入太空，飞行乘组状态良好，发射取得圆满成功。

北京时间 2022 年 4 月 16 日 9 时 56 分，"神舟十三号"载人飞船返回舱在东风着陆场成功着陆。航天员翟志刚、王亚平、叶光富身体状态良好，神舟十三号载人飞行任务取得圆满成功。

NO: 05560
2022.04

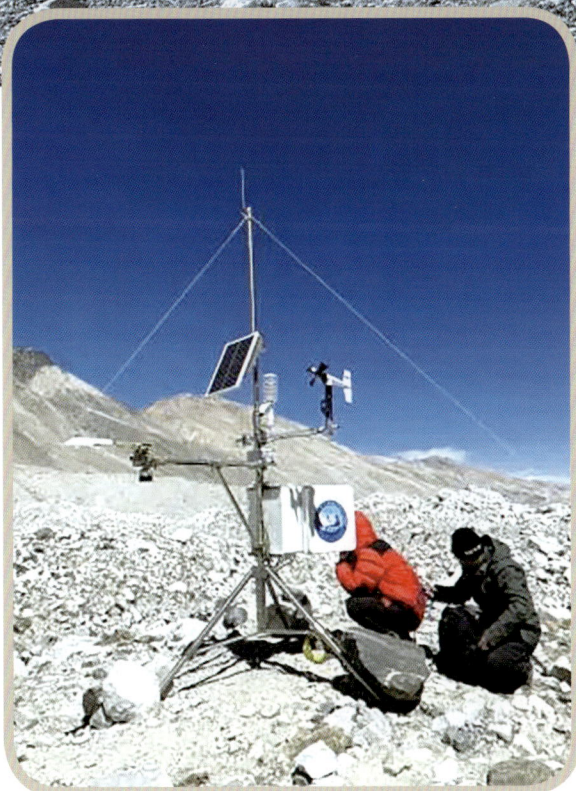

**海拔：8830 米**

# 海拔最高的自动气象站

2022 年 5 月 4 日，"巅峰使命 2022"珠峰科考 13 名队员成功登顶珠穆朗玛峰，并于当日 12 时 46 分许，在海拔 8830 米处成功架设自动气象站。

NO: 05562
2022.05

致敬中国护士
谁说站在光里的才算英雄

白衣抗疫 病毒没戏

**NO: 05566**
**2022.05**

## 数量最多的"国际护士节"主题无人机编队飞行表演

　　该表演由 1100 架无人机于 2022 年 5 月 11 日在广东深圳空中进行编队表演，通过电脑控制组合出"护士"相关的图案与文字，致敬"中国护士"。

**数量: 1100 架**

相对交会时速：870 公里

NO: 05568
2022.05

# 高铁动车组列车明线交会速度之最

　　4月21日，由中国自主研发的新型"复兴号"高速综合检测列车在济南至郑州高铁（濮阳至郑州段）成功实现明线上单列时速435公里，相对交会时速870公里。

高: 83.2 米

NO: 05569
2022.05

# 中国最高的树
## ——云南黄果冷杉

　　该云南黄果冷杉位于西藏察隅县，高83.2 米，胸径 2.07 米，由中国科学院植物研究所郭柯团队于 2022 年 5 月 16 日考察时发现。

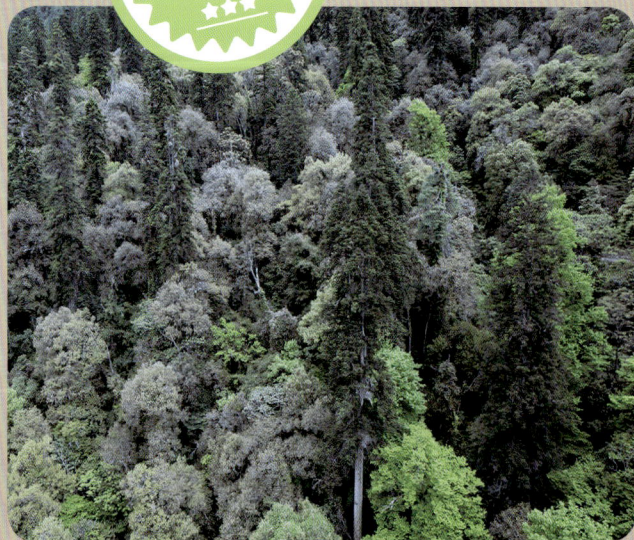

尺寸：194×113×230 厘米

# 最大的由钢筋铸造的毕业设计作品
## ——《筑魂》

NO: 05578
2022.06

　　该雕塑作品以建筑工人为题材，由广州美术学院学生黄建亿历时三个月采用 1400 斤钢筋、铁板混搭铸造完成。

身高: 2.27 米

## 最高的青少年（女性）

张子宇（山东·济南）2007年5月出生，现就读于清华附中。

NO: 05579
2022.06

时间：80 小时 46 分 35 秒

# 油动固定翼无人机续航时间之最
# （25~100 公斤级）

    该无人机由北京航空航天大学的"冯如三号"二期团队研发、设计、制造，机身呈潜艇型，翼展约 10 米。2021 年 5 月 18 日至 21 日在河南许昌成功续航 80 小时 46 分 35 秒。

NO: 05580
2022.06

距离：500 公里

NO: 05584
2022.07

## 最远距离拍摄的毕业照

2022 年 6 月 15 日南京信息工程大学遥感与测绘工程学院 2018 级毕业生通过吉林一号遥感卫星拍摄毕业照，60 余名同学和辅导员在操场上组成"YC·RS"字样。

## 最大的紫砂陶艺站牌
### ——"大世界"

尺寸：3×1×0.018 米

　　该紫砂陶艺站牌由郑鸣、周瑾、王力、蒋亦琦、许宇成、曾华、蒋国兴等人于 2020 年 10 月至 2021 年 12 月选用长 3 米、宽 1 米、厚 0.018 米的手工成型整块烧成紫砂陶板制作而成，现安装于上海轨道交通 14 号线大世界站。

NO：05550　2022.01

## 含紫砂陶艺站牌数量最多的地铁线
### ——上海轨道交通 14 号线

数量：92 件

　　该紫砂陶艺站牌系列由上海供春陶业有限公司设计、制作，2021 年 12 月 21 日安装于上海轨道交通 14 号线 23 个车站内，每站装有 4 件站牌，共计 92 件站牌。

NO：05549　2022.01

## 最大的紫砂壶造型作品

高：4.91 米　最大直径：2.5 米

　　该作品以紫砂泥为原料，高 4.91 米，最大直径 2.5 米。刘剑中（江苏·宜兴）于 2016 年 8 月至 2021 年 8 月烧制而成。

NO：05543　2022.01

## 规模最大的诗乐舞（异地）
### ——我为冬奥运助威·"诗乐舞"展示活动

累计参与人数：4333 人

　　2021 年 12 月 22 日至 2022 年 1 月 8 日由中国文化信息协会美育工作委员会、常青藤美育（北京）科技股份有限公司主办，中舞联盟、北京星光少年艺术团承办的"我为冬奥运助威·'诗乐舞'展示活动"分别在北京、辽宁、山东、陕西、云南、广西等地举行，累计参与人数 4333 人。

NO：05539　2022.01

## 最大的权杖紫水晶晶簇

尺寸：55×31×24 厘米

　　该权杖紫水晶晶簇产自马达加斯加，重 27.75 千克。李本雪（江苏·连云港）于 2021 年 5 月收藏。

NO：05538　2022.01

## 个人发起参与人数最多的国际旅行主题年会
### ——"2021 中国第二届走遍世界国际旅行家年会"

人数：558 人

　　该年会由张丽莉（北京）个人发起，于 2021 年 12 月 18 日在北京五环大酒店举行，共计 558 位国际旅行爱好者分别在主会场及抖音视频分会场参与。

NO：05537　2021.12

## 最大的高温颜色釉竖烧瓷板画作品（四屏）
### ——《春夏秋冬》

长：3.48 米　高：1.34 米

　　该瓷板画作品以春、夏、秋、冬四景为题，釉下绘制后经 1300℃高温竖立烧制而成，长 3.48 米，高 1.34 米。（单块尺寸：0.87×1.34 米）

　　赵中良（江西·景德镇）于 2019 年 6 月至 2020 年 9 月创作完成。

NO：05536　2021.12

## 最长的高温颜色釉瓷板画作品（拼接）
### ——《鹤戏池影》

长：12 米　高：2.4 米

　　该瓷板画作品以荷塘仙鹤为题，釉下绘制后经 1300℃高温烧制，由 12 幅长 1 米、高 2.4 米的单幅瓷板画拼接而成。

　　何勇（江西·景德镇）于 2017 年 6 月至 12 月创作完成。

NO：05535　2021.12

## 规定时间内心算万年历数量之最（少儿）

时间：3 分钟　数量：51 个

　　孙浩迪（SUN ANDY 美籍华裔）2012 年 8 月 3 日出生，于 2021 年 12 月 20 日在四川省成都市国力公证处正确心算万年历对应星期数 51 个，用时 3 分钟。

NO：05534　2021.12

## 甜度最高的葡萄品种
### ——"卓越天宝"

最高甜度：30.5 度

　　该葡萄品种由山东省鲜食葡萄研究所于 2008 年 3 月至 2021 年 10 月选育而成，果粒呈短椭圆形、无核，最高甜度为 30.5 度。

NO：05533　2021.12

## 党和国家领导人赞扬次数最多的士兵
## ——雷锋

次数：105 次

1963 年至 2019 年毛泽东、刘少奇、周恩来、朱德、邓小平、江泽民、胡锦涛、习近平等 50 多位党和国家领导人以题词、讲话等方式赞扬士兵雷锋（1940-1962）共计 105 次。其中，中共中央总书记、国家主席、中央军委主席习近平利用开会、接见、参观、访问、调研、座谈会等多种形式于 2012 年至 2019 年先后 25 次讲话赞扬士兵雷锋，弘扬雷锋精神。

NO：05531  2021.12

## 地龙冻块存储量最大的企业
## ——天津贾立明蚯蚓养殖有限公司

存储量：580,000 千克

天津贾立明蚯蚓养殖有限公司于 2021 年 5 月至 2021 年 11 月收购 580,000 千克地龙（蚯蚓）冻块，现存储于天津贾立明蚯蚓养殖有限公司冷冻仓库。

NO：05530  2021.12

## 持续时间最长的文旅宣传推广活动
## ——"赤峰文旅万里行"

时间：180 天  场次：36 场

2021 年 5 月 19 日至 2021 年 11 月 19 日由内蒙古赤峰市文化和旅游局主办，北京星纳文化传媒有限公司承办的"赤峰文旅万里行"活动，途经哈尔滨、上海、拉萨、乌鲁木齐、海口等 160 多个城市，持续 180 天内在中国 31 个省（区、市）举办了 36 场赤峰文旅宣传推广活动。

NO：05528  2021.11

## 个人书写小楷书法长卷之最（累计）

长：27485 米

巩凌，笔名巩凌羽（山东·泰安），于 2015 年 1 月至 2021 年 10 月以小楷抄写《金刚经》《道德经》《中国梦》《四书五经》《山海经》《唐诗三百首》《宋词》《感动中国人物事迹材料》《毛泽东诗词》等作品，共计 674 卷，累计总长 27485 米，共计 1270 万余字。

NO：05527  2021.11

## 最大的白端砚石
## ——"白端之最"

最长处：123 厘米

最宽处：121 厘米  最厚处：60 厘米

该砚石产自广东省肇庆市，呈长方形，重约 1.5 吨。

王建华（广东·肇庆）于 2003 年 6 月收藏。

NO：05526  2021.11

## 天然石眼最多的端砚
## ——"硕果累累砚"

石眼数量：1133 个

该端砚产自广东省肇庆市，最长处 88 厘米，最宽处 58 厘米，最厚处 13 厘米，于 2016 年 6 月至 2017 年 11 月雕刻完成。

黄尔焜（广东·肇庆）于 2020 年 10 月收藏。

NO：05525  2021.11

## 天然石眼密度最大的端砚
## ——"丰盛百子砚"

面积：968 平方厘米  石眼数量：578 个

该端砚产自广东省肇庆市，最长处 69 厘米，最宽处 31 厘米，最厚处 13 厘米，砚中保留天然石眼 578 个，平均每 10 平方厘米上有 6 个天然石眼，于 2016 年 5 月至 2017 年 3 月雕刻完成。

黄尔焜（广东·肇庆）于 2018 年 1 月收藏。

NO：05524  2021.11

## 最大的人参造型景观门
## ——百药园正大门

最长处：8 米  最宽处：3.6 米  最高处：14.8 米

该景观门位于黑龙江省伊春市乌翠区，于 2021 年 10 月采用水泥、钢筋等材料建造而成。

周钵设计，张君、周平、李长发施工建造，百药园农业科技有限公司管理。

NO：05523  2021.11

## 参展次数最多的隶书书法长卷
## ——《论持久战》

数量：21 次

该书法长卷由任旺（内蒙古·通辽）以隶书书写而成，分别于 2013 年 9 月至 2021 年 8 月在内蒙古通辽市博物馆、天津市天汐园、北京中央民族大学体育场、内蒙古兴安盟博物馆、内蒙古巴彦淖尔临河市博物馆、海南省三亚市崖州区保利广场等地展示 21 次。

NO：05522  2021.10

## 酱骨头年销量累计最高的餐饮品牌
## ——"丛林狼"

年销量：5887336 块

餐饮品牌"丛林狼"自 2020 年 8 月至 2021 年 9 月门店销售五香酱骨头、麻辣酱骨头、精选五香酱骨头、精选麻辣酱骨头等酱骨头产品共计 5887336 块。

NO：05521  2021.10

## 斜井 TBM 施工月度掘进进尺之最

进尺：522.04 米

陕西延长石油榆林可可盖煤业有限公司主斜井工程采用明槽开挖与 TBM 工法施工，2021 年 8 月 TBM 施工段单月掘进进尺 522.04 米。

中煤第三建设（集团）有限责任公司承建，主要参与人员张鲁鲁、牛宾、申五刚、杨新文、马均志等管理施工。

NO：05519  2021.10

## 酒瓶包装纸箱承受外界静态重量之最
## ——"酣客酒业包装纸箱承重测试活动"

纸箱尺寸：46.5×24.5×30.6 厘米  纸箱数量：2 个
承重：556.1 千克

2021 年 9 月 28 日由酒业家媒体主办的 2021（第五届）高端酒展览会在山东省济南市山东国际会展中心举行，展会现场酣客酒业有限公司将两个空纸箱以胶带封口放于地面，上置木板，10 位成年女性站立于木板上，坚持 60 秒纸箱未破损，共计承重 556.1 千克。

NO：05518  2021.09

## 规模最大的白酒瓶抗摔测试活动
## ——"酣客酒业酒瓶抗摔测试活动"

人数：100 人

2021 年 9 月 28 日由酒业家媒体主办的 2021（第五届）高端酒展览会在山东省济南市山东国际会展中心举行，展会现场酣客酒业有限公司组织 100 位参与者将 100 瓶未开封的酣客酒瓶摔向地面，酒瓶破损率为 0%。

NO：05517  2021.09

## 最长的红色经典主题空心字书法长卷
## ——《共产党宣言》

长：160 米  宽：0.56 米

凌小康（浙江·杭州）于 2021 年 8 月 1 日至 8 月 10 日

使用空心字书法抄写《共产党宣言》，共 15000 余字。

NO：05516  2021.09

## 最小的玛瑙镶银转经筒

高度：30 毫米  直径：15 毫米

该转经筒由马季春（青海·西宁）2021 年 3 月以纯银、玛瑙为材纯手工雕刻而成，玛瑙筒体镶嵌纯银六字真言，筒体可拆卸、旋转。

NO：05511  2021.09

## 最高的熊猫造型草编作品

高：16.8 米

该草编作品以"熊猫"为造型，内部采用钢骨架结构，表面由 1600 余千克稻草编制而成。

盘锦辽河旅游开发有限公司于 2021 年 8 月 22 日制作完成，现展于辽宁省盘锦市双台子区辽河湿地公园内。

NO：05509  2021.09

## 中国最长的长城主题诗画长卷
## ——《中华魂》

尺寸：100×0.6 米

该长卷由董新民（河南·濮阳），艺名董一刀，2018 年 8 月至 2021 年 8 月以"万里长城"为题，运用中国画小写意绘画技法描绘了四季美景，对照 13 首诗词创作而成，全卷总长 100 米。

NO：05508  2021.09

## 最大的萤石方解石共生矿晶

尺寸：5.36×2.16×1.1 米

该矿晶产自浙江省常山县，为萤石与方解石共生，重约 35 吨。

郑庆柄（福建·仙游）、何波（湖南·耒阳）于 2021 年 1 月收藏。

NO：05505  2021.08

## 近代历史保护建筑整体顶升高度之最

顶升高度：6.55 米

这栋名为"红楼"的建筑位于黄浦路 106 号，为上海市优秀历史建筑。

上海久事北外滩建设发展有限公司自 2021 年 2 月至 2021 年 5 月对其实施了原址整体顶升，建筑标高由 3.96 米抬升至 10.51 米, 累计顶升高度 6.55 米。

NO: 05504  2021.08

## 最大的花卉主题马赛克镶嵌艺术作品
### ——《满园春色》

长: 15 米  高: 9 米

该艺术作品以花卉为题, 采用热熔玻璃大块料、金属镶嵌等综合材料制作而成, 现展于由上海久事北外滩建设发展有限公司投资建设的"世界会客厅"。

NO: 05503  2021.08

## 最大的风景油画 (室内)
### ——《日出东海》

长: 19 米  高: 9.2 米

该风景油画以"海纳百川"为题, 选用油画颜料在布面上绘制而成, 展现了黄浦江和大海交汇的景象, 现展于由上海久事北外滩建设发展有限公司投资建设的"世界会客厅"。

NO: 05502  2021.08

## 最大的琉璃多媒体艺术装置墙
### ——《绿水青山》

长: 20.86 米  宽: 10.5 米

该艺术装置墙选用琉璃、LED 屏、铜等材质, 结合新媒体技术制作而成, 展现了江南山水与白玉兰融合图景, 现展于由上海久事北外滩建设发展有限公司投资建设的"世界会客厅"。

NO: 05501  2021.08

## 最大的黄河主题综合材料绘画作品
### ——《天下黄河富宁夏》

长: 32 米  宽: 5 米

该作品以黄河为主题, 由张铁涛 (宁夏·吴忠) 于 2016 年 6 月至 2018 年 12 月使用油画颜料、沙石、石英石等综合材料绘制完成。

NO: 05499  2021.08

## 拥有椒麻鸡口味最多的餐饮企业
### ——"乌鲁木齐五行味道食品有限公司"

数量: 5 种

该餐饮企业位于新疆维吾尔自治区乌鲁木齐市新市区绍兴中街新联市场 A9 栋, 拥有椒香型、麻香型、浓香型、清香型、

原味型口味椒麻鸡。

NO: 05498  2021.08

## 最长的毛绒粒粘贴画
### ——《清明上河图》

长: 29 米  宽: 1.1 米

该粘贴画以《清明上河图》为蓝本, 由余中樑 (上海) 于 2010 年 1 月至 2019 年 4 月选用 2 亿 4000 万余粒毛绒粒、16 千克帆布、15 千克毛线、150 千克白胶制作而成, 总长 29 米。

NO: 05497  2021.08

## 儿童原创诗朗诵海拔高度之最

海拔: 5025 米

吴宇尘 (北京) 2011 年 1 月 27 日出生, 于 2020 年 5 月 25 日在邛崃山脉的四姑娘山大峰峰顶朗诵原创诗《史上最漫长寒假》。

NO: 05496  2021.08

## 规定时间内登顶两座雪山 (6000 米级) 年龄最小的人

时间: 81 天
年龄: 10 岁 5 个月

吴宇尘 (北京) 2011 年 1 月 27 日出生, 分别于 2021 年 5 月 4 日和 7 月 23 日登顶海拔 6010 米的西藏洛堆峰和海拔 6178 米的青海玉珠峰。

NO: 05495  2021.08

## 最长的《清明上河图》卡纸剪贴画

长: 7.2 米  宽: 0.4 米

该作品由刘协祥 (上海) 自 2013 年 3 月至 2016 年 4 月以《清明上河图》为蓝本, 采用画、剪、刻、贴等工序拼贴制作而成。

NO: 05492  2021.07

## 游历最多国家的儿童
### ——于憬涵

数量: 61 个

于憬涵 (北京) 2007 年 9 月 19 日出生, 于 2009 年 10 月至 2019 年 8 月搭乘飞机、游轮等交通工具游历美国、法国、英国、德国、俄罗斯、日本、澳大利亚、毛里求斯、马达加斯加、哈萨克斯坦、吉尔吉斯斯坦等共计 61 个国家。

NO: 05491  2021.07

## 医师治疗（完成）镶全口牙老人年龄之最

年龄：134 岁

赛丽曼·艾尔肯（新疆·乌鲁木齐）于 2020 年 5 月 30 日在新疆维吾尔自治区疏勒县库木西力克乡拍昆霍伊拉村为年龄 134 岁的阿丽米罕·色依提（新疆·疏勒）进行全口牙取模、制作等前期工作，并于 2020 年 6 月 5 日完成全口牙佩戴。

NO：05490  2021.07

## 游历世界遗产最多的人
## ——柯银河

数量：1076 个

柯银河（福建·龙岩）于 1993 年 5 月至 2021 年 5 月搭乘飞机、火车、游轮、巴士等交通工具，游历会安古镇、班清遗址、哥贝克力石阵、桑吉佛教古迹、蒙巴萨耶稣堡、瓦隆古码头考古遗址、奇里比克特国家公园——"美洲豹的居所"等 1076 个世界遗产。

NO：05489  2021.07

## 最小的酒瓶造型陶瓷微刻作品

尺寸：20×10.5 毫米

张向宏（甘肃·张掖）于 2021 年 1 月至 5 月在酒瓶造型陶瓷摆件上微刻"昭武神"字样，陶瓷摩氏硬度 7.3 级，字数 1170 字，刻字面积 210 平方毫米。

NO：05481  2021.06

## 数量最多的同一主题（仙鹤）根艺系列作品
## ——《祥瑞百鹤图》

数量：100 件

该根艺系列作品以"仙鹤"为主题，取材大别山杜鹃花树根，施洪源（安徽·望江）于 2016 年 9 月至 2021 年 3 月根据根材本身固有的形态以"仙鹤"为原型创作完成。

NO：05479  2021.06

## 手持奥运火炬跑步里程之最（累计）

里程数：4219.5 公里

刘超英（北京）于 2020 年 3 月至 2021 年 7 月，手持北京 2008 年奥运祥云火炬累计跑步总里程 4219.5 公里，献礼建党百年华诞。

NO：05478  2021.06

## 展示不重样羊肉菜肴数量之最

数量：118 道

2021 年 6 月 9 日由内蒙古自治区鄂尔多斯市乌审旗人民政府主办，乌审旗农牧局承办，内蒙古哈木格文化传媒有限公司执行承办的"2021 乌审旗鄂尔多斯细毛羊羊肉品鉴会"在乌审旗乌审广场举行，现场展示由厨师烹制的 118 道不重样的鄂尔多斯细毛羊羊肉菜肴。

NO：05477  2021.06

## 个人收藏凤文化主题藏品数量之最

数量：12000 件

王宣言（上海）于 1983 年 11 月至 2021 年 5 月收藏以凤文化及凤的起源与演变为主题的不同历史时期藏品，种类含玉石器、陶瓷器、青铜器、金银器、书法绘画、碑刻造像等，共计 12000 件。

NO：05473  2021.06

## 最长的单幅红色经典主题剪纸长卷
## ——《红色百年》

画芯尺寸：48×0.65 米

该剪纸长卷以《红色百年》为主题，作品展现了中国共产党百年奋斗历程，共计 100 个场景，装裱后长 56 米、宽 0.81 米。

王文正（山东·临沂）于 2021 年 2 月至 5 月在单幅红色宣纸上剪制完成。

NO：05470  2021.05

## 芽结实力最强的葡萄品种
## ——"卓越黑香峰"

结实力：4.29

该葡萄品种由山东省鲜食葡萄研究所于 2015 年 1 月至 2021 年 4 月选育而成，全树总花序 343 个，冬剪留芽 80 个，芽结实力 4.29。

NO：05468  2021.05

## 果粒最小的人工培育葡萄品种
## ——"卓越小米粒"

平均粒重：0.24 克

该葡萄品种由山东省鲜食葡萄研究所于 2014 年 1 月至 2020 年 10 月选育而成，果粒呈黑红色、半透明状、无核，单穗重 43.8 克，穗粒数 180 颗，平均粒重 0.24 克。

NO：05467  2021.05

## 最多单幅书法组成的历史人物画像系列作品
### ——《华夏文光漏白书法系列作品》

数量：40 幅

该系列作品由李茂荣（浙江·杭州）于 2003 年 3 月至 2009 年 2 月以小楷书法创作而成，作品选用中华文坛历史人物代表作为题材，漏白处显示该人物造型，共计 40 幅，累计 40 余万字。

NO：05466 2021.05

## 最大的和田玉佛像

尺寸：1.9×1.1×2.7 米

该佛像选用和田玉雕刻而成，正面为释迦牟尼佛，背面刻有《佛说无量寿经》。朱清云（上海）于 2019 年 9 月收藏。

NO：05465 2021.05

## 最大的半刀泥雕刻瓷缸——《中华国医图》

外口径：2.02 米　底径：1.58 米　高：1.2 米

该瓷缸以《中华国医图》为题材，采用全手工半刀泥技法雕刻，重 1 吨。

2020 年 6 月由曹爱勤（江西·南昌）于江西省景德镇市设计、创作而成。

NO：05464 2021.05

## 规定时间内心算万年历数量之最

时间：3 分钟　数量：46 个

曹守忠（江苏·丰县）于 2021 年 5 月 11 日在江苏省徐州市丰县公证处正确心算万年历对应星期数 46 个，用时 3 分钟。

NO：05463 2021.05

## 最长的四大名著主题行草书法长卷（累计）

累计长度：5532 米

该书法长卷由徐缘秉（广东·惠州）于 2016 年 3 月至 2020 年 9 月以行草书法手抄《西游记》《红楼梦》《三国演义》《水浒传》，累计长度 5532 米，字数逾 350 万字。

NO：05461 2021.05

## 手抄字数最多的党建主题书法作品
### ——《党建文苑》

字数：54.18 万

姜忠东（江苏·昆山）于 2018 年 6 月 11 日至 2021 年 2 月 20 日以小楷书法手抄《党建文苑》全刊，共计 645 页，54.18 万字。

NO：05460 2021.05

## 收藏酒器具造型样式数量最多的博物馆
### ——吴桥酒章文创园·臻艺酒器具博物馆

数量：30562 件

该馆位于河北省沧州市吴桥县吴桥酒章文创园内，建筑面积约 2000 平方米，内设"红色记忆""艺术""人文"等 20 个主题板块、50 个小板块，展示酒器具造型样式共计 30562 件。

2017 年 4 月开馆，吴桥酒章文艺创作有限公司管理。

NO：05459 2021.05

## 片数最多的瓷板书法作品
### ——《共产党宣言》

数量：22687 片

该作品由景德镇市锦泰文化有限公司于 2019 年 2 月至 2020 年 10 月在高温单色釉瓷片上以新彩黑料书写《共产党宣言》全文，再经 780℃烧制而成，拼接后总长 18.48 米，高 2.21 米。

NO：05456 2021.04

## 最长的楷书、隶书对照书法长卷（累计）

长：216 米

王广星（山东·济宁）于 2020 年 2 月至 6 月采用小楷与隶书书法以对照形式分卷书写《周易》《孔子十翼》全文并装裱成卷，单卷长 108 米，累计总长 216 米，共计 10 万余字。

NO：05445 2021.03

## 最小的酒坛微雕作品

最大直径：8 毫米　高：10 毫米

该微雕作品由陈福（FU CHEN 澳大利亚籍华裔）于 2020 年 11 月至 2021 年 2 月以绍兴花雕酒古越龙山 5 升百福大坛为原型雕刻而成。

NO：05443 2021.03

## 最大的元宝造型石锁

长：1.5 米　宽：0.6 米　高：1 米　重：1.9 吨

该石锁由戚正兴（江苏·无锡）定制，采用花岗石雕凿而成，整体呈元宝造型，石锁正面镌有"锁宝"字样，背面镌有"戚"字篆文。

2020 年 10 月落成于江苏省昆山市石锁体育公园。

NO：05441　2021.02

## 由最多个贴画酒瓶组成的作品
### ——《桂林山水百瓶百景图》

数量：100 个

该作品以"桂林山水百景图"为题材，每个酒瓶瓶贴画对应一个桂林山水景点，共计由 100 个酒瓶拼接而成。

桂林市龙禧凤酒业张绍敏（广西·桂林）于 2020 年 9 月策划完成。

NO：05438　2021.02

## 最长的使用吸管完成的硬笔书法长卷
### ——《唐诗"吸管硬笔书法"长卷》

长度：1217 米

敬一愚（四川·德阳）于 2008 年 5 月至 2020 年 12 月使用塑料吸管以硬笔书法在长卷上书写唐诗 3000 余首，长 1217 米，宽 0.517 米。

NO：05437　2021.02

## 游历亚洲世界遗产最多的人
### ——柯银河

数量：322 个

柯银河（福建·龙岩）于 1999 年 5 月至 2020 年 3 月搭乘飞机、火车、游轮、巴士等交通工具，游历巴米扬谷文化景观和考古遗址、城墙围绕的巴库城及希尔凡王宫和少女塔、吴哥窟、高句丽古墓群、泰姬陵、婆罗浮屠寺庙群、伊斯法罕聚礼清真寺、萨迈拉古城、严岛神殿、巴勒贝克等 322 个亚洲世界遗产。

NO：05436　2021.01

## 自驾游历海岸港口最多的人
### ——"陈广明环驾中国之行"

数量：88 个

陈广明（河南·焦作）于 2020 年 7 月 5 日至 10 月 10 日驾驶汽车先后游历启东港口、秦皇岛港口、锦州港口、丹东港口、徐闻港口、中山港口、深圳港口、福州港口、乍浦港口、上海港口等 88 个海岸港口。

NO：05432　2020.12

## 自驾游历边境口岸最多的人
### ——"陈广明环驾中国之行"

数量：114 个

陈广明（河南·焦作）于 2020 年 7 月 5 日至 10 月 10 日驾驶汽车先后游历丹东口岸、集安口岸、图们口岸、珲春口岸、黑河口岸、甘其毛都口岸、亚东口岸、日屋口岸、打洛口岸、东兴口岸等 114 个边境口岸。

NO：05431　2020.12

## 中国单孔跨度最长的木拱廊桥

单孔跨度：48 米

该廊桥位于浙江省温州市泰顺县三魁镇秀溪边村，采用传统木拱建造，单孔跨度 48 米，桥体宽 7.5 米，高 41 米，总长 90 米。

2020 年 8 月竣工，由泰顺县三魁镇人民政府支持，三魁廊桥筹备组负责人邱祖文（浙江·泰顺）策划、设计。

NO：05430　2020.12

## 规定时间内双手同书（异字）书法字数之最

时间：2 分钟　字数：14 字

王珺珉（山东·临沂）于 2020 年 12 月 16 日在山东省临沂市兰山区洗砚池街 20 号王羲之故居内双手使用毛笔同时书写"本欲起身离红尘"（右手），"奈何影子落人间"（左手），共计 14 字。

NO：05429　2020.12

## 诗评中国历史人物最多的诗文出版物合集
### ——《中国历史人物诗语评议》

数量：854 位
书号：ISBN 978-7-5474-2335-6、ISBN 978-7-5126-7502-5

该出版物合集含《中国历史人物诗语评议》《中国历史人物诗语评议：续集》两书，以五言绝句的形式评议中国历史人物，共计 854 位。

李俊和（山东·临朐）于 2016 年 1 月至 2019 年 3 月编著，先后由山东画报出版社、团结出版社出版。

NO：05428　2020.12

## 最多花盆组成的景观造型

数量：15000 只

该景观造型由王炎根、张维忠（上海）于 2019 年 3 月至 7 月选用 15000 只花盆（420 种品种）搭建而成，长 10 米、宽 5 米、高 4.8 米。现展于上海浦东老宅景观园。

NO：05427　2020.12

## 与上海世界博览会吉祥物"海宝"拍照数量最多的人

数量：108 张

孙红熠（上海）于 2009 年 6 月至 2011 年 2 月搭乘上海地铁、公交车、自家轿车等交通工具，在上海世博会园区、上海豫园城隍庙商业街、上海世纪广场、上海证大大拇指广场、上海浦东新区花木街道社区、上海世博会特许商品零售店等地与中国 2010 年上海世界博览会（Expo 2010 Shanghai China，简称上海世博会）吉祥物"海宝"拍照留念，总计 108 张。

NO：05424　2020.12

## 学龄前儿童背诵成语数量之最

成语：1000 条
用时：33 分 15 秒

彭朔（四川·成都）于 2014 年 10 月 22 日出生，2020 年 11 月 12 日完成成语背诵 1000 条，成语均不重复。

NO：05423　2020.12

## 规定时间内心算万年历数量之最

时间：3 分钟　数量：30 个

李东耀（江西·永丰）2020 年 11 月 20 日在江西省永丰县公证处正确心算万年历对应星期数 30 个，用时 3 分钟。

NO：05422　2020.12

## 最大的根书作品
## ——《沁园春·雪》

尺寸：9.1×2.55 米

该作品以毛泽东诗词《沁园春·雪》为题，取材大别山区杜鹃花树根，共计 128 字。

陈迪忠（安徽·霍山）于 1999 年 9 月至 2020 年 9 月创作并装裱而成。

NO：05421　2020.11

## 由最多党校图书馆收藏的金融类个人出版物
## ——《窥破美元：中产阶级的投资指南》

数量：68 所　书号：ISBN 978-7-300-24502-7
开本：160×230 毫米

该出版物由戚燕杰（陕西·西安）编著，2017 年 9 月中

国人民大学出版社出版。2017 年 9 月至 2020 年 9 月分别被中共中央党校图书馆、中共北京市委党校图书馆、中共上海市委党校图书馆、中共广东省委党校图书馆、中共新疆维吾尔自治区图书馆、中共深圳市委党校图书馆、中共呼和浩特市委党校图书馆等 68 所党校图书馆收藏。

NO：05420　2020.11

## 规模最大的党建主题企业智慧展馆
## ——鲁南制药集团"红色引擎、党群融合"党建馆

建筑面积：2810 平方米

该馆位于山东省临沂市兰山区工业大道 104 号鲁南制药集团，以"党建"为题，分为党建区、统战区、会议区三大功能区，内设产业翼 L 幕、党建 E 站等多媒体互动设施。

2020 年 10 月竣工，由新之航传媒科技集团有限公司策划设计，鲁南制药集团股份有限公司管理。

NO：05419　2020.11

## 规定时间内双手同书书法字数之最

规定时间：1 小时　字数：2846 字

孙百根（上海）于 2020 年 11 月 2 日 15 时至 16 时在浙江省舟山市定海区宏微馆内双手使用毛笔同时书写《水调歌头明月几时有》《将进酒·君不见》《菩萨蛮·大柏地》《沁园春·长沙》、《西江月·井岗山》等 16 首诗词，共计 2846 字。

NO：05417　2020.11

## 微刻字数最多的茶具套装

字数：19729 字
刻字面积：678 平方厘米

於成安（江苏·宜兴）于 2020 年 4 月至 6 月在紫砂茶具套装上微刻宗宝本《六祖坛经》，其中茶壶微刻字数 16015 字，两个茶杯微刻字数 3714 字，共计 19729 字。

NO：05414　2020.10

## 最大的立式鼓造型雕塑（含电子音响）
## ——"太阳神鼓"

直径：16 米

该立式鼓造型雕塑位于黑龙江省海林市长汀镇双峰林场羊草山山顶，采用钢架结构塑造而成，内配有电子音响设备。

黑龙江省雪乡旅游开发有限公司管理，黑龙江亚布力冰雪景区工程设计有限公司策划。

NO：05412　2020.10

## 含毛主席诗词数量最多的楷书书法长卷

数量：100 首

该作品以"毛主席诗词"为题材，采用正楷书法在单幅长卷上书写毛主席诗词100首，并装裱成卷，装裱后长111米，宽0.68米。

曹新山（北京）于2019年1月至2020年9月书写完成。

NO：05408　2020.10

## 最长的刻纸长卷
## ——《大运河》

长：101.2 米

宽：1.16 米

该长卷以大运河精神、大运河风情、大运河故事为题，由杨兆群（江苏·常州）等11位艺术家在整张宣纸上采用刻纸技法共同创作完成，装裱后长103.8米，宽1.48米，现展示于常州市金坛剪刻纸艺术中心。

NO：05406　2020.09

## 最大的笤帚

最长处：4 米

最宽处：2.8 米

该笤帚由疏附县昆仑金穗笤帚产业协会自2020年7月至8月采用新疆精品特色笤帚苗制作而成，重15千克。现置于新疆维吾尔自治区喀什地区疏附县托克扎克镇阿亚格曼干村村委会。

NO：05402　2020.09

## 规定时间内游历最多国家（地区）的人
## ——杜毅敏

数量：107 个　　时间：1 年

杜毅敏（北京）于2018年1月1日至2018年12月7日搭乘飞机、火车、游轮、巴士等交通工具，先后游历危地马拉、巴拉圭、科特迪瓦、布基纳法索、利比亚、摩尔多瓦、百慕大、多米尼加、基里巴斯、圣皮埃尔和密克隆等107个国家和地区。

NO：05399　2020.08

## 微刻汉字数量最多的石刻作品
## ——《石头记》

字数：61 万字

刻字面积：123525 平方毫米

李鸿鹏（吉林·长春）于2015年7月至2020年4月在

长80.3厘米、宽52.3厘米、厚5.5厘米的老挝北部石（朱砂红）上微刻《石头记》，共计61万字。

NO：05398　2020.08

## 个人书写同一主题书法作品数量之最（欧、颜、柳体）
## ——《唐诗三百首书法大典》

数量：300 幅

徐春兴（福建·福州）2017年2月至2020年2月采用欧体、颜体、柳体书法在金黄洒金宣纸上书写《唐诗三百首》，每种书写体各100幅，共计300幅。

NO：05396　2020.08

## 个人制作最长的《清明上河图》木板烙画

长：30.26 米　宽：1.56 米

该作品由孟福才（河南·武陟）于1999年2月至2002年3月以《清明上河图》为蓝本使用电烙铁在木板上烙制而成，总长30.26米、宽1.56米。

NO：05394　2020.08

## 最长的《大方广佛华严经》手抄书法长卷（累计）

长：1112 米

朱广辉（河南·周口）于2019年3月至2020年2月以楷书书法抄写《大方广佛华严经》全文，共5卷，累计总长1112米。

NO：05393　2020.07

## 在玻璃桥上完成最长的书法（图腾）作品
## ——《空中巨龙》

长度：10 米

邹小舟（辽宁·大连）于2020年7月17日在浙江省磐安县水下孔景区玻璃桥上创作龙图腾书法作品，长10米。

NO：05392　2020.07

## 收藏崖柏数量最多的博物馆
## ——湖北逸龙崖柏文化博物馆

数量：10 万件

该馆位于湖北省仙桃市龙华街道沔洲大道与和平路交汇处，于2014年8月至2020年2月馆内收藏崖柏10万件，其中展出2000件。

NO：05391　2020.07

## 最多文字拼成的汉字系列作品

数量：11966 字

该作品由周庭权（湖北·武汉）于 2020 年 2 月至 6 月以小篆书法抄写《黄鹤楼诗词选》中的 98 首诗词并拼成"黄""鹤""楼""诗"四个汉字。

NO：05390  2020.07

## 规定时间内游历南极次数最多的旅行者
## ——黄世和

时间：10 年  次数：8 次

黄世和（江苏·常州）自 2006 年 11 月至 2013 年 11 月搭乘飞机、邮轮游历罗斯岛、罗斯冰架、彼得一世岛、雪丘岛、南极点、毛德皇后地、联合冰川营地、麦克默多科考站、阿蒙森–斯科特科考站等，累计出发游历南极 8 次。

NO：05389  2020.07

## 斜井（16°）冻结法施工月度掘进进尺之最

月进尺：63.4 米

由中煤第五建设有限公司第二工程处承建的中煤华晋能源里必煤矿主斜井工程采用冻结法施工（冻结段为双层井壁），斜井倾角 16°，总长 1770.8 米，2020 年 5 月月度掘进进尺 63.4 米。

NO：05388  2020.07

## 含方言词条数量最多的个人出版物
## ——《重庆方言辞典》

数量：30000 条
书号：ISBN 978-988-16318-0-0

该出版物由李元烈（重庆）编著，全书 752 页，其中收录重庆方言 30000 条，共计 85 万字，2020 年 4 月由中国教育科学出版集团有限公司出版。

NO：05387  2020.07

## 自创含成语接龙数量最多的诗词作品集
## ——《成语诗龙破万关》

数量：15220 条

该作品集由令狐贵忠（新疆·乌鲁木齐）于 2016 年 6 月至 2020 年 2 月选用 15220 条成语以接龙形式嵌入诗词，全集含 215 个章节，共计 13 万余字。

NO：05386  2020.07

## 汇集最多位诗友作品的诗词出版物
## ——《上海滩诗叶》

数量：3768 位
书号：ISBN 978-7-5321-7655-7/I.6088

该出版物由黄汉江（上海）、黄荣良、顾鸣九、刁节木、陈伟宇、孟令中共同主编，单册汇集 3768 位诗友作品，于 2020 年 7 月由上海文艺出版社出版。

NO：05384  2020.07

## 年龄最大的人（女性）

年龄：134 岁

阿丽米罕·色依提（新疆·疏勒）于 1886 年 6 月 25 日出生，现居住于新疆维吾尔自治区疏勒县库木西力克乡拍昆霍伊拉村。

NO：05383  2020.06

## 中国最大的草鞋（一双）

长：4.9 米  宽：1.6 米

杨绍君（云南·保山）于 2020 年 2 月至 5 月采用竹子手工编织一双草鞋，其中单只长 4.9 米，宽 1.6 米，重 75 千克，现置于云南省保山市昌宁县大田坝镇文沧村桃花岛。

NO：05382  2020.06

## 数量最多的（同一主题）双面石刻作品
## ——《三国演义》

数量：203 块

该作品由郑寿根（浙江·兰溪）于 2013 年 7 月至 2017 年 12 月以《三国演义》为题材，选用 203 块黑河卵石手工雕刻而成，作品正面刻有《三国演义》人物 200 位，背面刻有人物介绍，共计 3 万余字。

NO：05381  2020.06

## 最大锅干煸馕炒肉
## ——"维吾尔族特色干煸馕炒肉"

直径：4.5 米  重量：2400 斤

2020 年 5 月 30 日由中共策勒县委、策勒县人民政府主办的"策勒县第四届石榴花旅游节"在新疆维吾尔自治区策勒县举行，现场策勒县固拉哈玛镇杰力力库麦琪王帖美食店在策勒县策勒乡巴什玉吉买村组织员工将 600 个馕、50 只羊加工放入深度 1 米的铁锅内烹制并供游客免费品尝。

NO：05380  2020.06

## 最多石榴组成的图案
### ——"中国地图"

数量：5600 个

2020 年 5 月 18 日由新疆来扎提商贸有限公司主办的"大世界基尼斯之最'最多石榴拼中国地图'"活动在新疆维吾尔自治区策勒县色日克街道石榴花社区院内举行，现场主办方将 5600 个石榴组成中国地图，最长处 14 米，最宽处 14 米。

NO：05379  2020.06

## 最多瓶盖组成的人像图案

数量：25000 个

该作品以时代楷模赵志全同志为原型，采用 25000 个直径 2.5 厘米的塑料瓶盖拼装而成，作品高 5.2 米、宽 5.4 米。

新之航传媒科技集团有限公司于 2018 年 10 月制作完成，现展于山东省临沂市时代楷模赵志全同志纪念馆 & 鲁南制药集团展览馆。

NO：05378  2020.06

## 最大的日本律双晶

尺寸：29.5×23.5×4.4 厘米

该水晶外观为日本律双晶，呈白色，重 2452 克。

李本雪（江苏·连云港）于 2006 年 10 月收藏。

NO：05377  2020.06

## 最多石锁装饰的装置艺术作品
### ——"嵩山献瑞·十二生肖宝锁山"

数量：12 把

该作品以假山为载体，由 12 把刻有十二生肖图案的石锁装饰而成，每把重 560 斤。

王秉荣（江苏·泰州）于 2020 年 4 月创意、设计。

NO：05376  2020.06

## 最长的剪纸作品（累计）
### ——《剪纸花·民族情》

长：560 米
宽：0.7 米

该作品由郑州群创志愿互助中心、郑州市非物质文化遗产保护中心联合策划并组织 2000 名文化志愿者为"庆七十华诞·迎民族盛会"活动而制，作品展现 56 个民族传统体育项目及各族风土人情。

2020 年 1 月制作完成，现收藏于郑州非物质文化遗产展

示馆。

NO：05372  2020.05

## 游历世界遗产最多的人
### ——黄世和

数量：731 个

黄世和（江苏·常州）于 1966 年 12 月至 2020 年 4 月搭乘飞机、火车、游轮、巴士等交通工具，游历阿尼考古遗址、帕尔米拉遗址、阿斯基亚墓、詹姆斯岛、南马杜尔、新西兰南极洲群岛、圣山、奥拉斯迪山的达亚恩城堡、卡霍基亚、瓦斯卡兰国家公园等 731 个全球世界遗产。

NO：05370  2020.05

## 规定时间内杯子收纳 T 恤数量之最

用时：1 分钟  数量：6 件

林杰潇（上海）于 2020 年 5 月 10 日在"我和我的家乡——'青春购'510 专场直播活动"现场将 6 件 T 恤叠放收纳进 6 个容积 320 毫升的玻璃杯中，用时 1 分钟。

NO：05371  2020.05

## 采访（同一河流）河长数量最多的省级媒体
### ——黑龙江日报

数量：109 人

黑龙江日报于 2018 年 4 月 12 日至 2019 年 10 月 23 日就水资源保护、水域岸线管理、水污染防治等情况，采访松花江肇源至同江河段的 109 名河长，并发布于黑龙江日报"松花江·我是河长"系列专栏。

NO：05369  2020.05

## 规模最大的观赏石主题景区
### ——世界天宝艺术中心

面积：65827 平方米

该景区位于甘肃省酒泉市肃州区，展示有雅丹石、孔雀石、紫翡翠、黑鹰石等观赏石，另设有根艺馆、太岁馆等展区。

酒泉富康天宝文化旅游有限公司管理。

NO：05368  2020.04

## 最大的含显隐效果的国画
### ——《紫竹观音图》

国画尺寸：69×135 厘米

周国南（江苏·常州）于 2019 年 9 月以"紫竹观音"

为题材在宣纸上使用国画颜料及显隐材料添加剂绘制而成，其中显隐部分尺寸为 26×29 厘米。

NO：05367　2020.04

## 由最多军校图书馆收藏的个人出版物
### ——《窥破美元：中产阶级的投资指南》

数量：39 所

书号：ISBN 978-7-300-24502-7

开本：160×230 毫米

该出版物由戚燕杰（陕西·西安）编著，2017 年 9 月由中国人民大学出版社出版。2017 年 9 月至 2018 年 5 月分别被中国国防大学图书馆、陆军工程大学图书馆、海军指挥学院图书馆、空军指挥学院图书馆、火箭军指挥学院图书馆、航天工程大学图书馆、武警指挥学院图书馆等 39 所军校图书馆收藏。

NO：05366　2020.04

## 个人组织海拔最高的合唱活动
### ——"珠峰合唱《我和我的祖国》"

海拔：5200 米

2019 年 8 月 7 日由唐璟轩、周陌桃、李海萍、刘巍等 9 人在海拔 5200 米的珠峰大本营合唱《我和我的祖国》。

NO：05365　2020.04

## 翡翠饰品微刻之最

字数：274 字

刻字面积：36 平方毫米

李浩（浙江·杭州）于 2020 年 3 月在翡翠饰品挂件上微刻《心经》，翡翠摩氏硬度 6.5~7 级，字数 274 字，刻字面积 36 平方毫米。

NO：05364　2020.04

## 最大的青石印章雕塑
### ——"天下第一印"

长：7.6 米　宽：7.6 米　高：11.88 米

该印章雕塑位于湖南省常宁市中国印山景区，选用青石制作而成，底部印文刻有"中国印山"字样，四面边款刻有国印玉玺、名人印、伟人印、文人印。

2019 年 12 月建造完成，常宁市文化旅游发展有限公司管理。

NO：05362　2020.04

## 个人指书创作龙图腾作品数量之最

数量：2020 幅

邹小舟（辽宁·大连）于 2020 年 1 月 1 日至 3 月 20 日使用指画书法在铜版纸上创作龙图腾作品，共计 2020 幅。

NO：05360　2020.04

## 游历南美洲世界遗产最多的人
### ——柯银河

数量：74 个

柯银河（福建·龙岩）于 2015 年 5 月至 2020 年 1 月搭乘飞机、火车、游轮、巴士等交通工具，游历圣阿古斯丁考古公园、铁拉登特罗国家考古公园、马努国家公园、伊瓜苏国家公园、桑盖国家公园、塞维尔矿业城镇、帕拉蒂和格兰德岛——"文化与生物多样性"等 74 个南美洲世界遗产。

NO：05359　2020.03

## 共同游历最多国家（地区）的夫妻
### ——许民、闫萍

数量：233 个

许民、闫萍（吉林·长春）夫妇于 2003 年 9 月至 2019 年 12 月搭乘飞机、火车、游轮、巴士等交通工具，共同游历阿富汗、东帝汶、瑞士、爱尔兰、利比亚、毛里塔尼亚、纽埃、格陵兰、玻利维亚、南极洲等共计 233 个国家和地区。

NO：05358　2020.03

## 沿用至今年代最早的珠宝品牌
### ——"子冈"

年代：明嘉靖十八年

该珠宝品牌始于明嘉靖十八年（公元 1539 年），由明代琢玉艺匠陆子冈创办于苏州横塘，现为苏州子·冈珠宝有限公司商标注册品牌。

NO：05357　2020.02

## 用雪量最多的敦煌飞天主题雪雕
### ——"飞天 — 天乐迎晨"

用雪量：29876.5 立方米

该雪雕以"敦煌飞天"为题，呈左右布局，于 2019 年 12 月 25 日至 2020 年 1 月 6 日由长春世界雕塑园为"第二届长春雕塑冰雪天地"活动采用人工造雪堆积、雕塑而成，现展于吉林省长春世界雕塑园友谊广场。

NO：05356　2020.01

## 最大的缝纫机针造型雕塑
## ——"大杨缝纫机针"

高：9 米　直径：0.75 米

该缝纫机针造型雕塑位于辽宁省大连市大杨集团服装文化展示中心广场，采用钢筋网架结构，用白钢塑造而成。

大杨集团有限责任公司管理。

NO：05355　2020.01

## 最大的缝纫机造型雕塑（铜制）
## ——"大杨缝纫机"

长：9.9 米　宽：3.5 米　高：6.6 米

该缝纫机造型雕塑位于辽宁省大连市大杨集团服装文化展示中心广场，采用钢筋网架结构用紫铜塑造而成。

大杨集团有限责任公司管理。

NO：05354　2020.01

## 量最多的罗汉组印
## ——"西安广仁寺五百罗汉印"

数量：1000 枚

该组印由 500 枚罗汉像印（规格 4×8×12 厘米）、500 枚罗汉偈子印（规格 4×4×6 厘米）组成，于 2010 年 5 月 13 日至 2016 年 4 月 18 日手工刻制而成。

西安广仁寺收藏。

NO：05352　2020.01

## 参与人数最多的鱼汤品尝活动

人数：10935 人

2020 年 1 月 18 日，由福海县滨海旅游投资管理有限公司主办的"福海县第十四届冬捕节暨万人品福鱼汤活动"，在新疆维吾尔自治区阿勒泰地区福海县乌伦古湖海上魔鬼城景区举行，现场由厨师烹煮鱼汤并供 10935 名游客免费品尝。

NO：05351　2020.01

## 最大的金玉白度母雕像

尺寸：1.6×1×0.8 米

该金玉白度母雕像选用蛇纹石玉、翡翠、蓝松石、红珊瑚、珍珠等原料，采用中国传统宫廷手工技艺敬造而成。

2006 年 10 月至 2017 年 5 月由张明娟（北京）设计并领衔制作。

NO：05349　2020.01

## 最大的金玉绿度母雕像

尺寸：1.45×0.9×0.7 米

该金玉绿度母雕像选用岫岩玉、南洋珍珠、蓝松石、红珊瑚、红宝石、钻石、珍珠等原料，采用中国传统宫廷手工技艺敬造而成。

2006 年 10 月至 2017 年 5 月由张明娟（北京）设计并领衔制作。

NO：05350　2020.01

## 中国最大的冰雪溶洞
## ——八桂壮王城旅游区

表面积：27969.398 平方米

该溶洞位于广西大新县那岭乡辖区八桂壮王城旅游区内，溶洞为冰雪覆盖，含冰幔、冰梯田、冰隧道等自然景观，拥有"四大洞天""四大穿越""八大体验"三个区域板块，洞内温度常年保持在零下 5~8 度。

2018 年 4 月至 2019 年 9 月建设完成，大新龙冈旅游发展有限公司运营管理。

NO：05348　2020.01

## 最大的山水盆景（宣石）
## ——"睡山伴玉"

长：12.25 米　宽：1.38 米　高：1.28 米

该盆景位于上海滨海古园内，由上海滨海古园王庆峰（上海）创意和主持，邬国荣（上海）、张继国（上海）于 2019 年 2 月 18 日至 3 月 8 日采用宣石与真柏制作而成。

NO：05347　2019.12

## 最长的悬纸书法长卷

长：101 米　宽：0.85 米

该长卷由穆志刚（吉林·松原）于 2019 年 9 月 20 日在长春理工大学光电信息学院体育场采用悬纸书法以楷书、隶书等八种字体书写而成，用时 5 小时 05 分。

NO：05346　2019.12

## 最高的松树造型雪雕

高：22 米

该雪雕以"林都红松"为题，由哈尔滨冰舞间国际娱乐制作股份有限公司投资建设，黑龙江亚布力冰雪景观工程设计有限公司策划设计，2019 年 12 月展示于黑龙江伊春市冰雪嘉年华。

NO：05345　2019.12

## 累计阅读人次最多的私人图书馆
### ——贺龙国公共图书馆

人次：320 万

该图书馆由贺龙国（江苏·连云港）创办，位于江苏省连云港市灌南县田楼镇三兴社区，1986 年 1 月至 2019 年 11 月累计阅读人次 320 万。

NO：05344  2019.12

## 最多文字拼成的汉字系列作品

数量：10407 个

该作品由周庭权（湖北·武汉）于 2019 年 7 月至 8 月以小篆书法书写 115 首唐诗、宋词并拼成"唐""诗""宋""词"四个汉字。

NO：05343  2019.12

## 指画图腾作品速度之最
### ——《龙图腾》

时间：50 秒

邹小舟（辽宁·大连）于 2019 年 11 月 13 日在吉林省磐石市莲花山原始森林风景区使用指画手法创作 8 平尺《龙图腾》作品，用时 50 秒。

NO：05342  2019.11

## 三轮车产销量累计最高的企业
### ——淮海控股集团·宗申车辆

累计产销量：2000 万辆

淮海控股集团有限公司以产销摩托三轮车、电动三轮车等小型车辆为主，自 1976 年 12 月 26 日至 2019 年 9 月 30 日全球累计产销 2000 万辆三轮车。

NO：05341  2019.11

## 磨盘拔手重量之最

重量：1228.9 千克

张振军（山东·东明）以手背承重 7 块磨盘并保持 6 秒后拔出，磨盘总重 1228.9 千克。

2019 年 8 月 30 日在山东省菏泽市东明县佛汉拳研究发展中心独自完成。

NO：05340  2019.11

## 最大锅鳜鱼米粉
### ——首届中国江西米粉节

直径：7 米  重量：3218 斤

2019 年 11 月 5 日由中国饭店协会、江西省商务厅、上饶市人民政府主办的"首届中国江西米粉节"在江西省上饶市余干县美食文化街举行，现场主办方将 3218 斤鳜鱼米粉放入直径 7 米的锅内烹制并供游客免费品尝。

NO：05335  2019.11

## 最大的烟荷包

长：4.106 米  宽：0.964 米

该作品选用绸缎、棉布、绒等材料，运用蒙古族传统刺绣技艺的绣、盘等手法，绣有长城、辽宁号航母等图案及三种文字。

斯琴（内蒙古·赤峰）于 2019 年 8 月手工缝制而成。

NO：05334  2019.11

## 个人主编汇集最多位诗友作品的诗词出版物
### ——《黄浦江诗潮》

数量：2238 位
书号：ISBN 978-7-5642-2842-2/F.2842

该出版物由黄汉江（上海）主编，单册汇集 2238 位诗友作品，2017 年 11 月由上海财经大学出版社、上海文汇出版社联合出版。

NO：05333  2019.11

## 个人编著出版书籍数量之最

数量：185 本

黄汉江（上海）自 1986 年至 2019 年总主编、主编、独著出版著作、教材、词典、诗集等作品，共计 185 本，并由各出版社出版发行。

NO：05332  2019.11

## 同时从事手工艺行业人数最多的古城景区
### ——喀什古城

数量：10000 人

喀什古城景区位于新疆维吾尔自治区喀什市中心，总面积 1.57 平方公里，住户 1.2 万户，近 4 万居民，其中单日同时从事铜器加工、花帽制作、土陶制作、木器制作等传统手工艺行业人数 10000 人。

NO：05329  2019.11

## 拥有巷道数量最多的古城景区
## ——喀什古城

数量：198 条

喀什古城景区位于新疆维吾尔自治区喀什市中心，总面积 1.57 平方公里，共计拥有巷道 198 条。

NO：05328  2019.11

## 拥有双扇木门数量最多的古城景区
## ——喀什古城

数量：19583 扇

喀什古城景区位于新疆维吾尔自治区喀什市中心，总面积 1.57 平方公里，住户 1.2 万户，共计拥有双扇木门 19583 扇。

NO：05327  2019.11

## 最大的铜质对壶造型

高：5.6 米

重：800 千克

该对壶造型置于喀什古城景区东门入口，由喀什古城铜器加工艺人创意，纯手工打造而成。

NO：05326  2019.11

## 手工磨砂砖装饰面积最大的古城景区
## ——喀什古城

装饰面积：50000 平方米

喀什古城景区位于新疆维吾尔自治区喀什市中心，总面积 1.57 平方公里，古城内沿街墙面采用手工磨砂砖装饰改造，装饰面积 50000 平方米。

O：05325  2019.11

## 规模最大的野钓竞赛活动

人数：1163 人

2019 年 11 月 2 日至 3 日由江苏省体育总会、江苏省钓鱼协会、徐州市体育局、徐州市体育总会、徐州市睢宁县人民政府主办，江苏省睢宁县文体广电和旅游局、江苏省睢宁县姚集镇人民政府、江苏天瑞旅游发展有限公司承办的"魅力睢宁'蓝城·紫薇公馆、晴景'杯江苏省第三届古黄河野钓大赛"在江苏省睢宁县姚集镇古黄河房湾湿地公园段举行，现场 1163 人参与野钓竞赛活动。

NO：05324  2019.11

## 个人收藏上海白酒品牌系列数量之最

数量：170 种

李耀强（上海）于 1993 年 10 月 15 日至 2019 年 11 月 2 日收藏上海北塔牌醇香酒、上海康乐牌乙级大曲、上海海望牌精制粮酒等 170 种上海白酒品牌，所藏白酒生产年份均不低于 10 年。

NO：05323  2019.11

## 个人收藏白酒品牌数量之最

数量：5898 种

李耀强（上海）于 1993 年 10 月 15 日至 2019 年 11 月 2 日收藏山东牟平牌牟平酒、黑龙江苍松牌华夏老窖、四川古杯牌绿豆糟等 5898 种白酒品牌，所藏白酒生产年份均不低于 10 年。

NO：05321  2019.11

## 参与人数最多的魔方拼图活动
## ——"中国电信江苏公司 5G 正式商用魔方挑战活动"

人数：200 人

2019 年 10 月 30 日由中国电信股份有限公司江苏分公司主办，南京盘龙广告文化有限公司承办的"中国电信江苏公司 5G 正式商用魔方挑战活动"在南京艺术金陵文化创意园举行，现场 200 位参与者将魔方拼成长 4.98 米、宽 2.58 米的文字图案。

NO：05320  2019.10

## 展示酥鱼菜肴鱼类品种数量最多的美食节
## ——"平乡县老百姓饭美食节"

数量：50 种

2019 年 10 月 23 日至 25 日由平乡县人民政府主办的"2019 首届平乡县老百姓饭美食节"在河北省平乡县东环大街好孩子会展中心室外广场举行，现场展示 50 种鱼类制作的酥鱼菜肴。

NO：05316  2019.10

## 最大的玉石印章

长：1.3 米  宽：1.3 米  高：1.6 米  重：5800 千克

该印章取材广绿玉，印面由徐小敏（广东·深圳）、吕贵荣（广东·惠州）于 2009 年 1 月至 2019 年 5 月以《道德经》为题材手工篆刻而成，印面 5312 字。

NO：05314  2019.10

## 规定时间内钓鲫鱼尾数最多的人

时间：1 小时　尾数：165 尾

2019 年 10 月 13 日由湖南卫视快乐垂钓频道、宁波开沃精工渔具有限公司联合主办的"寻找 1 小时钓鲫鱼尾数速钓王"活动在浙江省开化县瑶源国际垂钓中心举行，现场参赛选手王宇航在 1 小时内速钓鲫鱼 165 尾。

NO：05313　2019.10

## 弹弓命中距离之最

距离：71 米　靶直径：80 毫米　钢珠直径：7.5 毫米

2019 年 10 月 6 日由黄龙县人民政府主办，黄龙县文化和旅游局、黄龙县科技教育体育局承办的"2019 年弹弓远射王大世界基尼斯纪录挑战赛"在陕西省延安市黄龙县全民健身体育中心举行，现场参赛选手张杭洲（安徽·太和）用弹弓射靶，距离 71 米。

NO：05312　2019.09

## 最大的动物造型面塑

长：5.5 米　宽：3 米　高：3 米

该面塑以"黄河浮桥铁牛桥墩"为原型，呈古铜色，由山西黄河京都大酒店有限公司以传统面塑工艺结合声光电设备制作而成。

2019 年 9 月 29 日展示于"2019 中国永济（国际）面食文化节开幕式"。

NO：05311　2019.09

## 最高的建筑造型面塑

高：9.2 米

该面塑以永济市普救寺莺莺塔为原型，呈墙砖灰色，塔层十三层，塔底直径 4 米，塔身净高 7.8 米。

屈启晓（山西·太原）设计，2019 年 9 月 29 日展示于"2019 中国永济（国际）面食文化节开幕式"。

NO：05310　2019.09

## 最大的景泰蓝盘子

直径：1.3 米

该盘子选用铜制胚胎，外部采用传统景泰蓝工艺制作而成。

樊乐平（山西·太原）设计，2019 年 9 月 29 日展示于"2019 中国永济（国际）面食文化节开幕式"。

NO：05309　2019.09

## 最大的豆腐（印花）

长：4.55 米　宽：4.42 米　高：0.29 米

2019 年 9 月 29 日由盖州市源晟农业观光有限公司主办的"2019 首届营口豆花文化旅游节"在辽宁省盖州市源晟山庄举行，现场主办方组织工作人员制作长 4.55 米、宽 4.52 米、高 0.29 米的豆腐，表面印有"祝福祖国"字样。

NO：05308　2019.09

## 展示不重样麻鸡菜肴数量之最
### ——"第四届崇仁麻鸡美食文化旅游节"

数量：100 道

2019 年 9 月 21 日由崇仁县麻鸡行业协会主办的"第四届崇仁麻鸡美食文化旅游节"在江西省抚州市崇仁县山凤小镇举行，现场展示 100 道不重样麻鸡菜肴并供游客免费品尝。

NO：05305　2019.09

## 举办"好人"志愿者活动最多的县
### ——河北省平乡县

数量：740 次

河北省邢台市平乡县自 2013 年 3 月至 2019 年 9 月在全县组织开展"好人"志愿者服务系列活动，累计举办"好人"志愿者活动共计 740 次。

NO：05303　2019.09

## 含汉字诗声韵系列最多的韵书出版物
### ——《通用规范汉字诗声韵》

系列数量：4 个　书号：978-7-5326-4344-8

胡永明（上海）于 2013 年 6 月至 2014 年 10 月以中华人民共和国国务院 2013 年公布的《通用规范汉字表》为字库创编韵书《通用规范汉字诗声韵》。该韵书设新基韵、声调韵、平仄韵和新宽韵 4 个系列，主、辅表各包含 9056 个字次，每个汉字均标有辅音、元音和声调。

2015 年 1 月由上海辞书出版社出版。

NO：05299　2019.09

## 规定行驶里程内汽车轮胎扎钉次数之最
### ——"猛驰耐刺扎安全轮胎挑战大世界基尼斯之最"

单个轮胎扎钉次数：7700 次

扎钉轮胎数量：2 个

规定行驶里程：202 千米

2019 年 8 月 28 日在陕西猛驰汽车科技有限公司举办的

"猛驰耐刺扎轮胎挑战大世界基尼斯之最"活动中，盛安辉驾驶奔驰牌汽车（轮胎型号：245\45R18H 牌照：陕 G.2226G），在一条装有 700 枚直径 5 毫米、长 40 毫米的钉板上来回行驶，单侧两轮共同扎压钢钉各 7700 次，并以不低于 80 公里 / 小时的速度完成规定行使里程。

NO：05298  2019.09

## 硬笔书法长度之最（拼接）
### ——"《三国志演义》宣纸硬笔书法万米长卷"

累计长度：11232 米

李锦万（四川·成都）于 2005 年 3 月至 2018 年 9 月在宣纸上采用硬笔书法书写《三国志演义》全文，并分 288 幅装裱成卷，累计全长 11232 米。

NO：05296  2019.09

## 中国字数最多的湖湘文化对联
### ——《铜官窑古镇》

字数：890 字

该对联以湖南风光、湘楚英杰为题材，全文 890 字，其中正文 868 字，并于大理石碑上雕刻而成。

邓继团（湖南·长沙）于 2018 年 8 月撰写完成，现置于湖南省长沙市新华联铜官窑古镇北城门前。

NO：05295  2019.09

## 参与人数最多的牛肉干制作活动
### ——"百位厨师同制牛肉干"

人数：100 人

2019 年 8 月 24 日由通辽经济技术开发区主办，通辽经济技术开发区商务和粮食局、通辽文化旅游产业商会、科尔沁都市报社联合承办的"2019 中国草原肉牛之都、中国蒙餐之都首届牛肉干美食文化节"在内蒙古自治区通辽市通辽经济技术开发区那达慕风情园举行，现场 100 位厨师同时制作牛肉干，供游客免费品尝。

NO：05293  2019.08

## 中国最大锅手扒肉
### ——内蒙古诗画草原手扒肉

直径：4.88 米  重量：1880 斤

2019 年 8 月 23 日，由包头市石宝铁矿集团有限责任公司主办，内蒙古诗画草原旅游有限责任公司、内蒙古丰域农牧业科技有限责任公司、内蒙古安德泰文化旅游有限责任公司承办的"挑战大世界基尼斯暨中国最大锅手扒肉——'内

蒙古诗画草原手扒肉'活动"在内蒙古自治区达茂旗诗画草原旅游景区举行，现场由主办方组织厨师烹制手扒肉供游客品尝。

NO：05292  2019.08

## 最长的立体中国山水画
### ——《江山万里图》

长：16 米  宽：1.6 米

张向宏（甘肃·张掖）于 2018 年 3 月 6 日至 2019 年 3 月 9 日以宣纸、布料为材，采用工笔重彩山水画技法绘制而成，表面呈凹凸状，长 16 米。

NO：05289  2019.08

## 室内最长的烤肉槽

尺寸：10×0.38 米

该烤肉槽由新疆君邦投资有限公司乌鲁木齐君邦天山饭店设计，于 2019 年 4 月 25 日至 7 月 18 日选用不锈钢制作完成。

现置于新疆维吾尔自治区乌鲁木齐市君邦天山饭店皮芽子烧烤店内。

NO：05288  2019.08

## 最大的佛手造型雕塑

最长处：23 米  最宽处：9.9 米  最高处：19 米

该佛手造型位于福建省三明市尤溪县古溪星河休闲旅游度假景区内，采用钢架结构、强化水泥建造而成。

2019 年 8 月竣工，福建汤川文化旅游投资有限公司管理。

NO：05286  2019.08

## 展示年猪菜口味最多的活动

数量：88 种

2019 年 8 月 8 日，由内蒙古自治区餐饮与饭店行业协会、扎兰屯市工商业联合会、扎兰屯市餐饮协会主办的"第六届内蒙古美食文化节暨第二届扎兰美食节"在内蒙古自治区扎兰屯市天拜山广场举行，现场展示 88 种口味年猪菜，供游客免费品尝。

NO：05285  2019.08

## 以最多不重样汉字为原型书写的异体书法长卷
### ——《中华吉祥文字百字图》

数量：66 个

该长卷以 66 个不重样汉字为原型，每字采用 100 种篆体

书法异体书写而成，共计7300余字，作品长110米、宽0.46米。

梁永强（海南·海口）于2006年1月至2008年5月书写完成。

NO：05283　2019.08

## 参与人数最多的"比瓦"同饮活动
## ——"千人同饮俄罗斯族比瓦"

人数：1000人

"比瓦"系俄罗斯族啤酒，"俄罗斯族比瓦酿造技艺"为新疆维吾尔自治区非物质文化遗产。

2019年8月6日由中共布尔津县委员会、布尔津县人民政府主办，布尔津县宣传部、文旅局、人社局、妇联承办的"布尔津县第四届'童话边城·布尔津味道'美食节"在新疆维吾尔自治区布尔津县七里滩渔村举办，现场1000位游客同时品尝"俄罗斯族比瓦"。

NO：05282　2019.08

## 规模最大的同诵同绘活动
## ——"绘红荷咏古诗"

人数：2566人

2019年7月27日由微山湖湿地集团有限公司主办的"规模最大的同诵同绘活动"在山东省枣庄市滕州微山湖湿地景区举行，现场2566人共同诵古诗绘红荷。

NO：05279　2019.07

## 最长的瘦金体书法长卷（累计）
## ——《邢台西山那部天书》

长：3000米

杨春广（河北·邢台）于2009年11月至2016年12月采用瘦金体书法在宣纸上书写《邢台西山那部天书》，共计100余万字。

NO：05278　2019.07

## 游历非洲世界遗产最多的人
## ——柯银河

数量：136个

柯银河（福建·龙岩）于2012年1月1日至2019年5月20日搭乘飞机、火车、游轮、巴士等交通工具，游历塔伊国家公园、洛罗佩尼遗址、阿尔金石礁国家公园、贝尼哈迈德城堡、姆班扎刚果历史中心、卡胡兹-别加国家公园等136个非洲世界遗产。

NO：05277　2019.07

## 参与人数最多的马铃薯菜肴烹制活动

人数：200人

2019年7月20日，由乌兰察布市政协、中国饭店协会、内蒙古自治区餐饮与饭店行业协会主办的"第八届中俄蒙美食文化节暨第三届中国乌兰察布美食文化节"在内蒙古自治区乌兰察布市集宁区集宁路吃街吉祥广场举行，现场200位厨师烹制400道马铃薯菜肴。

NO：05274　2019.07

## 规模最大的烩菜烹饪活动
## ——"五十六味锅烹饪活动"

烹饪锅数：56锅

2019年7月20日，由乌兰察布市政协、中国饭店协会、内蒙古自治区餐饮与饭店行业协会主办的"第八届中俄蒙美食文化节暨第三届中国乌兰察布美食文化节"在内蒙古自治区乌兰察布市集宁区集宁路吃街吉祥广场举行，现场主办方组织20位厨师烹制56锅烩菜并供游客免费品尝。

NO：05273　2019.07

## 最长的红色经典行书长卷
## ——《潘培坤同志手书〈中国共产党章程〉》

画芯尺寸：24×0.35米　装裱尺寸：26×0.45米

潘培坤（上海）于2018年1月10日至31日以行楷书法在宣纸上书写党的十九大通过的《中国共产党章程》全文，并装裱成卷，近两万字。上海市书法家协会主席、著名书法家周志高题写卷名《潘培坤先生手书〈党章〉》，上海市书法家协会副主席、著名书法家王国贤题跋。

NO：05270　2019.07

## 规模最大的中国传统婚礼展演活动

人数：234人

2019年7月14日由淄博市齐喜喜文化研究院主办的"规模最大的中国传统婚礼仪式展演活动"在山东省淄博市体育馆举行，现场234位婚嫁行业从业者参与此次展演活动。

NO：05269　2019.07

## 参与人数最多的拉酒线活动
## ——"肆拾玖坊千人拉酒线大世界基尼斯纪录挑战赛"

人数：2019人

2019年7月13日由肆拾玖坊（天津）贸易有限公司主办的"肆拾玖坊千人拉酒线大世界基尼斯纪录挑战赛"在广

州长隆酒店举行,现场 2019 位参与者使用"肆拾玖坊宗师酒"共同挑战拉酒线活动。

NO：05268 2019.07

## 最长的百家姓图腾竹刻作品
### ——《华夏百家姓图腾》

总长：2.37 米 宽：0.33 米

该作品由王建冠（浙江·绍兴）于 2018 年 10 月至 2019 年 5 月以华夏百家姓图腾为题,采用图腾与百家姓汉字对照形式手工雕刻在 27 片竹片上,总长 2.37 米。

NO：05264 2019.06

## 最长的藏文书法长卷（累计）
### ——《藏文各书法传承历史长卷唐卡》

累计长度：315 米

该书法长卷以藏文书法传承历史为主题,由桑木旦尖措（青海·共和县）于 2015 年 4 月至 2018 年 3 月采用十种藏文字体创作、书写而成,分二卷装裱,累计长度 315 米。

NO：05261 2019.06

## 最长的蒙古族刺绣长卷

长：70 米

该刺绣长卷由内蒙古自治区兴安盟文化旅游体育局组织 56 位刺绣工匠为庆祝中华人民共和国成立 70 周年而制,绣有天安门、56 个民族人物图案及蒙古族文字。

2019 年 6 月 15 日展示于第五届"内蒙古美食文化节暨首届兴安盟大米美食文化节"活动现场。

NO：05259 2019.06

## 最大的蒸锅

锅口直径：10 米 高：3 米

该蒸锅由内蒙古自治区乌兰浩特市商务局创意、设计,于 2019 年 4 月 16 日至 6 月 10 日选用不锈钢制作完成。

2019 年 6 月 15 日展示于内蒙古自治区兴安盟乌兰浩特市百悦国际酒店广场。

NO：05258 2019.06

## 最大的缂毛唐卡

尺寸：4.3×3 米

《四壁观音巨幅缂毛唐卡》取材藏羚羊绒,采用"缂毛"技艺制作而成。

三缘博物馆的馆长朱韵辰（甘肃·张掖）收藏。

NO：05257 2019.06

## 规定时间内创投对接次数之最（异地）
### ——"2019'极限创投节'"

时间：90 分钟 次数：1396 次

2019 年 6 月 13 日由微链（杭州传送门网络科技有限公司）主办的"2019'极限创投节'"在杭州、上海、成都、北京 4 地同时举行,活动当日共 632 位投资人、创业人在规定时间内完成创投对接 1396 次。

NO：05255 2019.06

## 最大的葡萄石

尺寸：157×134×35 厘米

该葡萄石产自非洲马里,呈绿色,重 1 吨。

何波（湖南·耒阳）于 2017 年 12 月收藏。

NO：05254 2019.06

## 最大的车轮矿晶簇

尺寸：48×40×30 厘米

该车轮矿晶簇产自湖南省郴州市瑶岗仙钨矿,带水晶围岩,最大晶体尺寸 10×8 厘米。

郭周平（美国·图桑）于 2017 年 3 月收藏。

NO：05253 2019.06

## 规模最大的九折板菜肴品尝活动
### ——"黑龙江省将军牛排·宫廷长今九折板万人品尝活动"

人次：12577 人次

2019 年 6 月 8 日由黑龙江省将军牛排餐饮有限公司主办的"黑龙江省将军牛排·宫廷长今九折板万人品尝活动"在新疆国际会展中心举行,现场累计 12577 人次免费品尝九折板菜肴。

NO：05251 2019.06

## 最大的九折板

直径：1.5 米

该九折板由杨学东（黑龙江·哈尔滨）及 5 位韩餐名厨自 2019 年 3 月 16 日至 5 月 31 日选用纯榆木手工制作而成,2019 年 6 月 8 日展于新疆国际会展中心。

NO：05250 2019.06

## 规模最大的乌木园
### ——东方神木乌木艺术收藏园

占地面积：17667 平方米

该乌木园位于河南省南阳市桐柏县城郊乡刘湾村龙凤湾组，园内展示乌木 2000 余棵，系集乌木博览、旅游观光、科普教育为一体的综合型乌木收藏园。

2018 年 12 月建成，由南阳桐柏山木艺有限公司管理。

NO：05235　2019.04

## 规模最大的小笼包制作活动
### ——"雅士林杯千人大接笼"

人数：1052 人

2019 年 4 月 30 日由嵊州市小吃行业协会主办，浙江雅士林智能家居有限公司承办的"雅士林杯千人大接笼活动"在嵊州市越剧小镇举行，现场嵊州市小吃行业协会组织 1052 人同时制作小笼包。

NO：05234　2019.04

## 个人收藏最大的矿物晶洞
### ——"七彩之星"

长：4.8 米　宽：3.3 米　高：3.1 米

该矿物晶洞产于中国云南省大理市巍山县，洞内由透明石膏晶簇、紫色萤石晶簇、白色石膏晶花及白色文石晶花构成，重 52.6 吨。

彭世毅（云南·大理）于 2017 年 8 月收藏。

NO：05232　2019.04

## 个人收藏陶瓷工艺美术师参评作品数量之最

数量：5666 件

柯福晟（福建·厦门）于 1999 年至 2012 年收藏由江西省景德镇市人力资源和社会保障局举办的"景德镇市陶瓷工艺美术师评选活动"中 1784 位陶瓷工艺美术师创作的 5666 件作品。

NO：05231　2019.04

## 规定时间内水稻秸秆还田亩数之最
### ——"'秸力生技农业废弃物腐化技术'秸秆还田大挑战"

时间：3 天　数量：10000 亩

2019 年 4 月 13 日至 15 日由黑龙江秸力生物科技有限公司主办的"'秸力生技农业废弃物腐化技术'秸秆还田大挑战"活动在黑龙江佳木斯市富锦市锦山镇举行，现场由黑龙江秸力生物科技有限公司组织技术人员完成水稻秸秆还田 10000 亩。

NO：05230　2019.04

## 收藏同一品牌白酒系列数量之最（不重样）

数量：926 个

陈连茂（福建·漳州）于 2012 年 9 月至 2019 年 3 月收藏贵州茅台酒（含纪念酒、定制酒、专供酒、特供酒等）926 个系列，共计 1411 瓶。

NO：05229　2019.04

## 最长的丝光棉剪布作品
### ——《56 匹马·民族大团结万岁》

长：26.8 米
宽：1.06 米

该作品由邢浩南（江苏·徐州）于 2012 年 10 月至 2018 年 7 月以"马"为题选用丝光棉布剪制拼贴而成。

NO：05221　2019.03

## 最大的独幅双面铜刻作品
### ——《回家》

尺寸：221×99 厘米

该作品正面阳刻程龙（上海）语言录："维健乐欢迎您回家"篆书 8 字，落款隶书 13 字、行书 3 字，篆书姓氏印章 1 枚；反面刻骁雄图，含骏马 1 匹，落款隶书 18 字、行书 4 字，篆书姓氏印章 1 枚。

汤友常（江苏·常州）于 2019 年 1 月 13 日至 3 月 8 日用电动切割刀在"汤友常文化展示中心"雕刻而成。

NO：05220　2019.03

## 最大的独幅双面铜刻作品
### ——《安全》

尺寸：220×99 厘米

该作品正面阳刻程龙（上海）语言录："维健乐家庭超市致力解决中国人的餐桌安全问题"篆书 21 字，落款隶书 26 字、行书 3 字，篆书姓氏印章 1 枚；反面刻鸷腾图，含雄鹰 2 只，落款隶书 18 字、行书 3 字，篆书姓氏印章 1 枚。

汤友常（江苏·常州）于 2019 年 1 月 10 日至 3 月 1 日用电动切割刀在"汤友常文化展示中心"雕刻而成。

NO：05219　2019.03

## 最大的独幅双面铜刻作品 ——《未来》

尺寸：219×99 厘米

该作品正面阳刻程龙（上海）语言录："维健乐资源共享共创未来"篆书 11 字，落款隶书 16 字、行书 3 字，篆书姓氏印章 1 枚；反面刻悍志图，含雄鹰 1 只，落款隶书 19 字、行书 3 字，篆书姓氏印章 1 枚。

汤友常（江苏·常州）于 2019 年 1 月 5 日至 2 月 16 日用电动切割刀在"汤友常文化展示中心"雕刻而成。

NO：05218  2019.03

## 最大的独幅双面铜刻作品 ——《精准》

尺寸：218×99 厘米

该作品正面阳刻程龙（上海）语言录："维健乐精准服务·精准扶贫"篆书 11 字，落款隶书 16 字、行书 3 字，篆书姓氏印章 1 枚。反面刻春然图，含雄鹰 3 只，落款隶书 18 字、行书 3 字，篆书姓氏印章 1 枚。

汤友常（江苏·常州）2019 年 1 月 3 日至 2 月 12 日用电动切割刀在"汤友常文化展示中心"雕刻而成。

NO：05217  2019.03

## 最大的独幅双面铜刻作品 ——《维健乐》

尺寸：217×99 厘米

该作品正面阳刻程龙（上海）语言录："维健乐之家"篆书 5 字，落款隶书 10 字、行书 3 字，篆书姓氏印章 1 枚；反面刻骁健图，落款隶书 20 字、行书 3 字，篆书姓氏印章 1 枚。

汤友常（江苏·常州）于 2019 年 1 月 1 日至 2 月 9 日用电动切割刀在"汤友常文化展示中心"雕刻而成。

NO：05216  2019.03

## 顺拐（同手同脚）徒步行走里程之最

里程：10 千米

2019 年 2 月 26 日卢军（山西·运城）采用顺拐（同手同脚）行走的方式自山西省运城市河津市站前路出发，途径凤翔路、龙门大道，最终抵达凤翔路，用时 1 小时 44 分钟。

NO：05215  2019.03

## 最小的手工雕刻版画 ——《大同世界》

尺寸：3.8×3 毫米

该版画采用 6 毫米钢板雕刻而成，内刻有"老吾老""大同世界""幼吾幼"等文字及图案。

孙文雄（台湾）创作，申恩（河北·唐山）于 2019 年 1 月 1 日收藏。

NO：05214  2019.03

## 最长的柱香 ——"中华大礼香"

长：7.1 米

该柱香由耿发旺（河南·新郑）于 2011 年 1 月至 2012 年 3 月选用白芷、仓术、陈皮、薄荷、小茴等 20 余种中药材为香料制作而成，直径 0.36 米，重约 1 吨。

NO：05213  2019.03

## 最长的盘香 ——"中华盘龙香"

长：173.46 米

该盘香由耿发旺（河南·新郑）2018 年 10 月至 11 月选用白芷、仓术、陈皮、丁香、薄荷等 20 余种中药材为香料制作而成，共计 98 圈，重 10 余千克。

NO：05212  2019.03

## 规定里程内滑雪用时最短的人（业余）

规定里程：200 千米

用时：11 小时 09 分钟

新疆丝绸之路国际度假区董事长李建宏（新疆·喀什）于 2019 年 3 月 2 日在度假区滑雪场内完成规定滑雪里程，用时 11 小时 09 分钟。

NO：05211  2019.03

## 自著、自书最长的行楷书法长卷 ——《生命管理学》

长：460.6 米

宽：0.5 米

该长卷以盛紫玟（北京）自著出版物《生命管理学》为蓝本，于 2018 年 2 月 1 日至 2 月 28 日由盛紫玟采用行楷书法将该书书写成卷。

NO：05209  2019.02

## 花青素含量最高的葡萄品种 ——"卓越黑香蜜"

含量：1663 毫克/千克

该葡萄品种由山东省鲜食葡萄研究所于 2018 年至今结

合山东省平度市葡萄种植环境自然栽培而成，花青素含量1663毫克/千克。

NO：05208 2019.02

## 最大一锅"陵阳锅子"菜肴
### ——"富贵陵阳百家宴"

锅口直径：2米

2019年1月26日由安徽省青阳县陵阳镇人民政府主办的"第三届陵阳锅子百家宴"在安徽省青阳县陵阳镇谢村村举行，现场由厨师烹制1500斤陵阳锅子菜并供游客免费品尝。

NO：05204 2019.01

## 规定时间内左手反写书法字数之最

规定时间：1小时 字数：1203字

孙百根（浙江·舟山）于2019年1月3日14时06分至15时06分在浙江省舟山市定海区万缘堂内使用左手反写毛泽东诗词《沁园春·雪》《菩萨蛮·黄鹤楼》《西江月·井冈山》等15首，共计1203字。

NO：05203 2019.01

## 最大的书法经塔
### ——《大雁塔金刚经》

尺寸：26×15米 画芯尺寸：23×13.7米

该书法经塔以"西安大雁塔"为形，由何小荣（北京）于2017年3月至10月将《金刚般若波罗蜜经》采用隶书、篆书书法于丝绢上书写而成。

NO：05201 2019.01

## 单人抽动陀螺重量之最（女）

重：341.5千克 高：31厘米
直径：47.5厘米

孙继琴（江苏·常州）抽打该陀螺，使其持续转动1分02秒。

2018年12月18日在江苏省常州市新北区孟河镇孟河大道龙凤楼内"汤友常文化展示中心"独自完成。

NO：05200 2019.01

## 个人收藏印泥主题藏品数量之最

数量：696件

张学明（福建·漳州）于2007年10月至2008年12月收集整理各类八宝印泥、印盒、制作工具等漳州八宝印泥主

题藏品696件（其中明朝6件、清朝80件、民国180件，新中国成立后50年代至90年代430件），现展于福建省明煌·漳州八宝印泥收藏馆。

NO：05199 2019.01

## 玻璃斜坡行走距离之最
### ——"奥康止滑鞋现场测试活动"

坡度：20° 行走距离：6米

2019年1月1日由奥康鞋业销售有限公司主办的"奥康止滑鞋超级挑战赛暨现场测试活动"在温州五马街广场举行，现场工作人员脚穿奥康止滑鞋（编号：S91352005）在洒有食用油的玻璃斜面（坡度20°）进行行走测试，行走距离6米。

NO：05197 2019.01

## 最多父母参与的亲子读书活动
### ——"'父母同时读书给孩子听'大世界基尼斯之最挑战活动"

人数：2623人

2018年12月30日由云报加油少儿、太平人寿保险有限公司云南分公司主办的"'父母同时读书给孩子听'大世界基尼斯之最挑战活动"在云南省昆明国际会展中心举行，现场2623位父母与孩子共同阅读《拥抱大梦想》。

NO：05196 2018.12

## 最大的巨猪头骨化石

最长处：90厘米 最宽处：70厘米

该化石发掘于甘肃河政，装架后最大高度74厘米，叶文（上海）于2018年10月26日收藏。

NO：05193 2018.12

## 糯米蕉种植面积最大的县
### ——贵州省册亨县

种植面积：6.8万亩

糯米蕉又称粉蕉，种植于贵州省册亨县，截至2018年12月1日该县成立糯米蕉种植农民专业合作社28个，糯米蕉种植面积6.8万亩，亩产量4000~6000斤。

NO：05192 2018.12

## 最大的单体石刻书法作品

长：11.8米 宽：1.89米 高：3.18米

该石刻书法作品以黄蜡石为材并镌刻书法家李长春（吉

林·通化）先生题写的行楷书法"通化市中心医院"及落款，于2018年8月矗立于吉林省通化市中心医院。

NO：05191　2018.12

## 最多不重样的武昌鱼菜肴展示活动

数量：127道

2018年12月16日由湖北省鄂州市旅游局、市人社局、市统筹办、市总工会主办，鄂州市烹饪酒店行业协会承办的"楚楚动人·鄂州味道'武昌鱼杯'首届乡村旅游楚菜大赛暨中国武昌鱼'百味宴'大世界基尼斯挑战赛"在湖北省鄂州市莲花山景区接龙台举行，现场展示127道不重样的武昌鱼菜肴。

NO：05190　2018.12

## 最长的干肠
## ——"玛纳斯县清水河乡熏马肠"

长：1219米

2018年12月15日由玛纳斯县人民政府主办，玛纳斯县清水河乡人民政府承办的"'新疆是个好地方，新疆有个玛纳斯'冬季旅游启动仪式暨南部山区冰雪风情旅游节"在新疆维吾尔自治区玛纳斯县清水河乡五道垭景区举行，现场展示由阿合班草畜专业合作社采用5555千克马肉制成的干肠。

NO：05189　2018.12

## 展示不重样肉类菜肴数量之最
## ——"上海莫顿·SME第13届中国（上海）国际肉类工业展览会"

数量：700道

2018年12月12日由上海华港展览服务有限公司主办的"上海莫顿·SME第13届中国（上海）国际肉类工业展览会"在上海新国际博览中心举行，现场由上海华港展览服务有限公司组织20位厨师制作并展示700道不重样肉类菜肴。

NO：05188　2018.12

## 规模最大的手把肉品尝活动

人次：5347人次

2018年12月8日由内蒙古自治区旅游协会、内蒙古大兴安岭重点国有林业管理局、内蒙古自治区餐饮与饭店行业协会主办，牙克石人民政府、内蒙古大兴安岭重点国有林管理局旅游局、牙克石市旅游局承办的"'林都味道·岭上飘香'牙克石森林美食节暨凤凰杯美食大赛"在牙克石市凤凰

山滑雪场举行，现场由林城宾馆组织厨师烹饪手把肉并供游客品尝。

NO：05186　2018.12

## 面积最大的珠宝生活馆
## ——"君佩珠宝生活馆"

面积：628平方米

该珠宝生活馆位于长春市朝阳区欧亚卖场内，店内设有珠宝展示、服饰展示、美妆造型、摄影、童趣馆、VIP体验等以珠宝生活为主题的销售体验区。

2018年11月竣工，吉林省君佩珠宝经贸有限公司经营管理。

NO：05184　2018.11

## 头肘倒立腿部举重之最

重量：300千克

李荣根（江西·新余）于2018年11月1日在江西省新余市高能广场迈潮健身会所以头肘倒立的方式用双腿举重300千克杠铃，举起高度10.2厘米并保持30秒。

NO：05182　2018.11

## 最大的画舫船
## ——"越州舫"

长：30米　宽：8米
深：1.85米

该画舫船船体共三层，底层为钢结构，二、三层采用菠萝格木以榫卯结构相接而成，船身覆盖菠萝格木和樟木木雕，顶层为铜瓦制作。

何关明（浙江·绍兴）于2016年5月设计、收藏，2018年10月该画舫船下水使用。

NO：05180　2018.11

## 最长的绢本工笔淡彩长卷
## ——《红楼梦》

长：110米
宽：1.8米

该长卷由秦德法（江苏·常州）于2008年7月至2014年10月以《红楼梦》为题，采用工笔淡彩技法绘制而成，共计绘有《红楼梦》人物1000余人。

NO：05179　2018.11

## 绘鱼数量最多的工笔画长卷
### ——《千鱼图》

数量：1000 条

该长卷由周富生（河南·商丘）于 2018 年 2 月至 2018 年 4 月绘制完成，长 50 米、宽 0.7 米，共计绘有 1000 条鱼。

NO：05178  2018.11

## 绘鸡数量最多的工笔画长卷
### ——《万吉图》

数量：10000 只

该长卷由周富生（河南·商丘）于 2018 年 4 月至 2018 年 9 月绘制完成，长 130 米、宽 1.1 米，共计绘有 10000 只雄鸡。

NO：05177  2018.11

## 用同一词牌写作城市数量最多的人

数量：141 座

童中贤（湖南·汉寿）于 2014 年 9 月至 2018 年 9 月用"沁园春"词牌写作城市 141 座，其中 107 座城市作品汇编为《百城沁园春》，2018 年 1 月由中国文联出版社出版。

NO：05176  2018.11

## 字数最多的家谱
### ——《世界韩氏总谱》

字数：31589818 字

该家谱由韩清涛（河北·沧州）于 2012 年 4 月至 2018 年 6 月主编，共三期 39 卷，累计 24458 页。

NO：05175  2018.11

## 中国创作儿歌作品数量最多的人

数量：1800 首

杨合英（河北·石家庄）于 2016 年 4 月至 2018 年 10 月创作儿歌作品 1800 首，并于 2018 年 10 月在河北省版权局完成版权登记。

NO：05174  2018.11

## 规模最大的临沧手撕鸡品尝活动
### ——"千人同食临沧手撕鸡"

人数：1008 人

2018 年 11 月 5 日第四届云南名特小吃暨民族饮食文化节、2018 "临沧佤山风情美食大观园"美食节开幕式在云南省临沧市文化中心举行，活动现场由临沧市餐饮与美食行业协会组织厨师制作临沧手撕鸡供 1008 位游客品尝。

NO：05172  2018.11

## 汇集同一主题（长寿文化）当代名家作品最多的楼阁
### ——"天下长寿第一阁"

数量：104 幅

该楼阁位于河南省夏邑长寿文化景区，建筑面积 3366 平方米，高 56 米，汇集中国书法家协会、中华诗词学会、中国楹联学会、中国美术家协会等 103 位国家级会员创作的长寿文化主题作品（诗、书、画、印、联）共计 104 幅，2015 年 12 月建造完成。

NO：05171  2018.11

## 展示百岁老人照片数量最多的楼阁
### ——"天下长寿第一阁"

数量：260 米

该楼阁位于河南省夏邑长寿文化景区，建筑面积 3366 平方米，高 56 米，展示夏邑 260 位百岁老人的组图、照片及简介，于 2015 年 12 月建造完成。

NO：05170  2018.11

## 最大的千两茶

直径：0.74 米  高：6 米

该千两茶由湖南省云上茶业有限公司选用 3000 余斤黑茶以杀青、揉捻、渥堆、烘焙、精选、拼配、气蒸、踩制、晾晒等工艺于 2018 年 9 月 8 日在安化马路镇云台山云上茶文化体验中心制作完成。

NO：05169  2018.10

## 规定时间内由最多图书馆收藏的出版物
### ——《窥破美元：中产阶级的投资指南》

时间：1 年  数量：568 家  书号：ISBN978-7-300-24502-7
开本：160×230 毫米

该出版物于 2017 年 9 月至 2018 年 9 月由中国国家图书馆、中共中央党校图书馆、国防大学图书馆、中国北京大学图书馆、美国国会图书馆、美国耶鲁大学图书馆、大英图书馆、英国牛津大学图书馆、日本国会图书馆、日本东京大学图书馆等国内外 568 家图书馆收藏。

戚燕杰（陕西·西安）编辑，2017 年 9 月由中国人民大学出版社出版。

NO：05167  2018.10

## 规模最大的铁球健身操展演活动
### ——"首宝铁球健身操展演活动"

人数：418 人

2018 年 10 月 27 日由保定首宝健身球科技发展有限公司主办的"2018'民生地产杯'首届保定市首宝铁球技艺展演大赛暨上海大世界基尼斯首宝铁球健身操认证活动"在河北省保定市朝阳公园举行，现场 418 位健身爱好者参与铁球健身操展演活动。

NO：05165　2018.10

## 参与人数最多的柿子拼图活动
### ——"柿子太极图"

人数：1397 人

2018 年 10 月 26 日由文成县公阳乡人民政府主办的"参与人数最多的柿子拼图活动——'柿子太极图'上海大世界基尼斯纪录认证活动"在温州市文成县公阳乡淘沙湾广场举行，现场 1397 名游客用柿子拼成太极图案。

NO：05164　2018.10

## 最长的柳体书法册页
### ——《金刚经》

长：100.44 米
宽：1.63 米

徐春兴（福建·福州）于 2017 年 10 月至 2018 年 9 月以柳体书写《金刚经》，并装裱成册，共计 108 页，重 430 斤。

NO：05163　2018.10

## 最长的榜书条幅（累计）
### ——《弟子规》

总长：1000 米

枣庄科技职业学院艺术教师宋元鹏（山东·滕州）于 2016 年 10 月至 2018 年 3 月运用颜体楷书书写榜书条幅作品《弟子规》，累计长 1000 米，单字直径 0.5×0.6 米，2018 年 10 月 17 日展于枣庄科技职业学院举办的"弟子规榜书展演及吟诵活动"。

NO：05162　2018.10

## 参与人数最多的"扬州敲背"活动

人数：200 人

2018 年 10 月 17 日由扬州陆琴脚艺三把刀发展有限公司主办、扬州至爱慈善义工协会协办的"传承文化之美，打造

匠人精神"重阳节大型主题活动在扬州竹西文化广场举行，现场邀请 100 位技师为 100 位老人提供"扬州敲背"服务。

NO：05160　2018.10

## 最大的萤石（加工处理）球

直径：1.9 米　重：11 吨

该萤石（加工处理）球呈圆球状，表面覆荧光保护膜。梁坤（广西·阳朔）、郑庆柄（福建·仙游）2017 年 7 月收藏。

NO：05159　2018.10

## 规模最大的老年集体婚礼
### ——"金婚银婚世纪婚典创大世界基尼斯"

人数：1499 对

2018 年 10 月 17 日由上海海上花岛旅游发展有限公司主办的"金婚银婚世纪婚典创大世界基尼斯"活动在崇明海上花岛玫瑰庄园举行，现场 1499 对老年夫妻（平均年龄 65 岁）参加集体婚礼。

NO：05158　2018.10

## 指尖陀螺惯性自转时间之最

时间：21 分 09 秒

黄杭程（浙江·湖州）以手指发力拨转改良指尖陀螺后使其惯性自转 21 分 09 秒。

2018 年 9 月 19 日在浙江省湖州市质量技术监督检测研究院完成测试。

NO：05157　2018.10

## 使用烤炉同时烤全羊数量之最

数量：120 只

2018 年 10 月 10 日在第十五届中国（兰考）羊业发展大会期间，由兰考县人民政府主办，河南省兰考县畜牧局、河南中羊牧业有限公司承办，内蒙古青青草原牧业有限公司协办的"寻味兰考"活动在河南省兰考县黄河湾 1952 广场举行，现场使用烤炉同时烤全羊 120 只。

NO：05155　2018.10

## 累计举办场次最多的徒步行走活动
### ——"无限极养生行走系列活动"

场次：188 场

2010 年 5 月至 2018 年 9 月由无限极（中国）有限公司举办的"无限极养生行走系列活动"分别在北京、广州、上海、

武汉、青岛等全国 60 多个城市举行，累计 188 场，累计行走里程数约 600 万公里。

NO：05154　2018.09

## 规模最大的勐海烤鸡制作活动
### ——"一生一世相约勐海"

数量：1314 只

2018 年 9 月 27 日"一生一世相约勐海"开幕式在云南省西双版纳州勐海县泼水广场举行，活动现场由勐海餐饮美食协会组织百位厨师在特制烤架上同时烤制 1314 只勐海烤鸡。

NO：05153　2018.09

## 规模最大的采茶比赛（异地）
### ——勐海（国际）茶王节"万人采茶"比赛活动

人数：15397 人

2018 年 8 月 30 日由勐海县人民政府主办的"勐海（国际）茶王节'万人采茶'比赛活动"在云南省西双版纳州勐海县 12 个乡镇（农场）同时举行，共 15397 人参与此次活动。

NO：05151　2018.09

## 玛瑙饰品微刻之最

字数：282 字　刻字面积：70 平方毫米

张向宏（甘肃·张掖）于 2018 年 7 月 2 日在玛瑙手镯内壁上微刻《心经》，玛瑙摩氏硬度 7 级，字数 282 字，刻字面积 70 平方毫米。

NO：05150　2018.09

## 累计举办"二十四节气"主题活动最多的景区
### ——"恋乡·太行水镇"

累计场次：48 场

河北恋乡旅游开发有限公司于 2016 年 9 月 23 日至 2018 年 9 月 23 日在河北省保定市易县安格庄乡安格庄村"恋乡·太行水镇"累计举办 48 场以小寒、立春、清明、立夏、大暑、立秋、立冬、大雪、冬至等为主题的"二十四节气"活动，每个节气当天结合当地民俗特色文化，组织游客共同体验节气特色。

NO：05147　2018.09

## 最长的篆体书法长卷（绫裱）

长：475.9 米

王树文（河南·郑州）于 2017 年 5 月至 2017 年 12 月

在宣纸上以小篆书写《唐诗三百首》，并绫裱成卷。

NO：05146　2018.09

## 藏文字体最多的唐卡集
### ——《象雄藏文书法唐卡大集》

字体：218 种

该唐卡集由西藏自治区丁青县人民政府组织 80 位书法家于 2016 年 1 月至 2018 年 7 月采用象雄时期的列砖体、稞体、乌金体等 218 种不同的象雄藏文字体书写而成，内容包括《习近平谈治国理政》《四讲四爱》《萨迦格言》《水木格言》《琼布民间谚语》等，共计 225 幅。

NO：05144　2018.09

## 单株年产量最高的番茄树

年产量：6300 斤

该番茄树（编号：20180501）位于山东省寿光市蔬菜高科技示范园，树冠呈伞状，主干高 1.3 米，冠幅半径 7.2 米，于 2017 年 10 月 5 日至 2018 年 7 月 30 日累计结果 6300 斤。

中国（寿光）国际蔬菜科技博览会组委会办公室管理。

NO：05143　2018.09

## 最大一锅黄焖鸡
### ——"永平黄焖鸡"

重：866 斤

2018 年 9 月 19 日由永平县餐饮行业协会、云南永平曲硐核桃经营协会主办的"最大一锅黄焖鸡大世界基尼斯纪录申报活动"在云南省永平县永福路举行，现场由厨师烹饪 866 斤黄焖鸡并供游客免费品尝。

NO：05141　2018.09

## 最高的鸟类造型彩灯
### ——"丹顶鹤"

高：20.5 米

该彩灯以"丹顶鹤"为造型，采用钢骨架结构、立体丝架、彩色丝缎、内光源照明等彩灯传统工艺制作，水上部分高 18 米，水下部分 2.5 米。

盘锦双泰旅游开发有限公司于 2018 年 9 月制作完成，展于辽宁省盘锦市双台子区辽河湿地公园。

NO：05140　2018.09

## 参与环境保护活动"好人"最多的县
## ——河北省平乡县

数量：13086 人

河北省邢台市平乡县于 2018 年 9 月 14 日在平乡县全县范围内开展"'清洁地球 从我做起'2018 世界清洁地球日主题活动"，全县 13086 位"平乡好人"参与打扫卫生、捡拾垃圾等环保活动。

NO：05139  2018.09

## 评选"好人家庭"数量最多的贫困县
## ——河北省平乡县

数量：605 户

河北省邢台市平乡县于 2018 年 2 月至 6 月在全县组织开展"好人家庭"评选活动，评选"好人家庭"共计 605 户。

NO：05138  2018.09

## 评选"好人"数量最多的贫困县
## ——"河北省平乡县"

数量：13086 人

河北省邢台市平乡县自 2013 年 1 月至 2018 年 6 月在全县组织开展十二届"平乡好人"评选活动，累计评选"好人"共计 13086 人。

NO：05137  2018.09

## 最大的蒙古包式剧院

直径：56 米  高：29 米

哈萨尔大剧院以蒙古包为原型，位于内蒙古自治区通辽经济技术开发区，采用钢筋混凝土结构建造，周长 176 米，屋内直径55.2米，屋内顶高24米。集综合性演艺、娱乐、会议、婚庆、会展等功能于一体。

2010 年 10 月竣工，内蒙古哈布图哈萨尔文化产业有限公司管理。

NO：05134  2018.08

## 收藏同一佛典书法作品数量之最
## ——《金刚般若波罗蜜经》

数量：4931 件

上海华珍阁艺术馆位于上海市静安区山西北路 599 号，2018 年 2 月馆内收藏《金刚经》书法作品 4931 件，所藏书法作品征集自"'盛政经典·翰墨华珍'华珍阁杯"《金刚经》

全国书法作品大展活动。

NO：05133  2018.08

## 最大直径的金丝楠乌木

最大直径：4.6 米

该金丝楠乌木发掘于四川省峨眉山，全长 29.9 米，呈龙胆纹、虎皮纹、水滴纹、山水纹四种天然花纹。武汉玺(山东·临沂)于 2016 年 8 月收藏。

NO：05132  2018.08

## 最长的面条

长：5000 米

该面条由张忠平(山西·太原)组织山西新东方烹饪学校 10 名学生采用接力方式手工制作完成，2018 年 8 月 24 日展示于"2018 中国山西食品餐饮旅游博览会暨中国大同面食文化节"。

NO：05129  2018.08

## 最大的蒸锅

锅口直径：9 米  高：1.7 米

屈启晓(山西·太原)于 2018 年 6 月 28 日至 8 月 22 日选用不锈钢制作完成。蒸笼分三层，锅盖重 1 吨，2018 年 8 月 24 日展示于"2018 中国山西食品餐饮旅游博览会暨中国大同面食文化节"。

NO：05128  2018.08

## 最大的佛像面塑

高：8 米  底座：8.6×6 米

屈启晓(山西·太原)设计，张永俊(山西·运城)于 2018 年 6 月 20 日至 8 月 22 日按云冈大佛 1:2 的比例制作而成。2018 年 8 月 24 日展示于"2018 中国山西食品餐饮旅游博览会暨中国大同面食文化节"。

NO：05127  2018.08

## 最大的景泰蓝碗

碗直径：158 厘米  高：88 厘米

该景泰蓝碗由屈启晓(山西·太原)设计，山西黄河京都大酒店有限公司为 2018 年 8 月 24 日在山西大同举办的"2018 中国山西食品餐饮旅游博览会暨中国大同面食文化节"特制，胚胎全部由纯铜制作而成，外部采用景泰蓝工艺，碗体有"天下一碗、黄河面道"字样。

NO：05126　2018.08

## 荣获大世界基尼斯纪录最多的人
## ——汤友常

数量：100 个

　　汤友常（江苏·常州）自 1997 年 8 月创造第 1 项基尼斯纪录"最大的铜刻作品 ——《兰亭集序》"至 2018 年 8 月创造第 100 项纪录"最大的独幅双面铜刻作品 ——《习近平金句》"，相继在 3 项石刻、7 项陶刻、8 项瓷刻、15 项玻璃刻、16 项不锈钢刻、18 项打陀螺、33 项铜刻项目中荣获大世界基尼斯纪录。

NO：05125　2018.08

## 最大的独幅玻璃雕刻作品
## ——《香阵》

尺寸：580×165 厘米

　　该作品刻有图案菊花 58 朵、小鸟 3 只，落款 49 字，篆书姓氏印章 1 枚。

　　汤友常（江苏·常州）于 2015 年 9 月 7 日至 11 月 1 日在山东泰安新天街"汤友常工作室"，用电动切割刀在独幅玻璃上画刻而成。

NO：05123　2018.08

## 最大的独幅不锈钢雕刻作品
## ——《地藏菩萨》

尺寸：580×150 厘米

　　汤友常（江苏·常州）于 2018 年 5 月 22 日至 6 月 20 日在"汤友常文化展示中心"用电动切割刀在高 580 厘米、宽 150 厘米的独幅不锈钢板上阴刻"地藏菩萨"像、落款 51 字及篆书姓氏印章 1 枚。

NO：05122　2018.08

## 最大的独幅不锈钢雕刻作品
## ——《药王菩萨》

尺寸：579.5×149.5 厘米

　　汤友常（江苏·常州）于 2018 年 4 月 28 日至 5 月 20 日在"汤友常文化展示中心"用电动切割刀在高 579.5 厘米、宽 149.5 厘米的独幅不锈钢板上阴刻"药王菩萨"像、落款 68 字及篆书姓氏印章 1 枚。

NO：05121　2018.08

## 字数最多的陶坛雕刻作品
## ——《汤友常语言录》

字数：700 字

　　《汤友常语言录》正文（行楷）670 字，落款（行楷）30 字，篆书姓氏印章 1 枚。

　　汤友常（江苏·常州）于 2013 年 1 月 3 日至 2018 年 4 月 18 日用电动切割刀将全文雕刻于高 122.3 厘米、口径 41.3 厘米、最大直径 89.45 厘米、底部直径 60.48 厘米烧成后的陶坛表面阳刻而成。

NO：05120　2018.08

## 单人抽动陀螺重量之最

重：1011 千克

高：60 厘米　直径：78 厘米

　　汤友常（江苏·常州）抽打该陀螺，使其持续转动 1 分 30 秒。

　　2018 年 7 月 31 日在"汤友常文化展示中心"完成。

NO：05119　2018.08

## 规模最大的同一图案签绘公益活动

数量：999 个

　　2018 年 8 月 19 日由中南置地昆明区域公司主办的"中南置地公益行·首届少年才艺爱心赛"在云南昆明万达广场举行，共计 999 人手绘蜗牛图案并签名。

NO：05118　2018.08

## 最长的木杆秤

长：4.5 米

　　该秤取材缅甸花梨木，最大直径 130 毫米，最大量程 3180 千克，秤杆重 121 千克，秤砣重 66.9 千克，秤花采用银丝制作，并刻有十八罗汉和八仙图案。

　　李高种（浙江·永康）于 2017 年 12 月 16 日至 2018 年 7 月 18 日于浙江省永康市雅庄村制作完成。

NO：05116　2018.08

## 最长的榆木根雕作品——《神州巨龙》

最长处：12.8 米

重：4 吨

　　该作品取材榆树古根（树龄 1500 年），根据原料自然走势雕刻成巨龙造型，龙头直径 0.76 米。

胡朝清（湖北·松滋）于 2015 年 1 月 2 日至 2016 年 3 月 10 日制作完成。

NO：05115 2018.08

## 同时烤制鱼类品种数量之最
## ——"额河冷水鱼烤鱼品种大全"

品种：20 种

2018 年 8 月 6 日由中共布尔津县委员会、布尔津县人民政府主办，布尔津县宣传部、旅游局、人社局、妇联、文体局承办的"布尔津县第三届'童话边城 布尔津味道'美食节活动"在新疆布尔津县河堤夜市举行，现场布尔津县旅游宾馆组织厨师同时烤制 20 种可食用额河冷水鱼。

NO：05114 2018.08

## 中国最多家庭参与的荞面拨面制作活动

家庭数量：100 个

2018 年 8 月 3 日由通辽市商务局、通辽市民族事务委员会、奈曼旗人民政府主办的"2018 奈曼旗'中国荞麦美食之乡'文化节"在通辽市奈曼旗体育场举行，现场 100 个蒙古族家庭同时制作荞面拨面。

NO：05113 2018.08

## 规模最大的炖菜品尝活动

人次：10351 人次

2018 年 7 月 29 日由内蒙古自治区旅游协会、内蒙古大兴安岭重点国有林管理局、内蒙古自治区餐饮与饭店行业协会主办，牙克石人民政府、内蒙古国有林管理局旅游局承办的"2018 中国（内蒙古大兴安岭）森林旅游美食节"在牙克石体育休闲广场举行，活动现场由内蒙古大兴安岭旅游有限责任公司组织 24 名厨师采用八口直径 1.2 米的铁锅，以传统厨艺炖制菜肴并供游客品尝。

NO：05112 2018.07

## 规模最大的驯鹿肉烤串品尝活动

人次：1028 人次

2018 年 7 月 29 日由内蒙古自治区旅游协会、内蒙古大兴安岭重点国有林管理局、内蒙古自治区餐饮与饭店行业协会主办，牙克石人民政府、内蒙古国有林管理局旅游局承办的"2018 中国（内蒙古大兴安岭）森林旅游美食节"在牙克石体育休闲广场举行，活动现场由根业假日旅游有限责任公司组织 6 名敖鲁古雅鄂温克人及林业厨师，采用传统烧烤厨艺串烤驯鹿肉并供游客品尝。

NO：05111 2018.07

## 微刻汉字数量最多的玉石挂件

字数：5718 字　刻字面积：810.12 平方毫米

金水芳（浙江·绍兴）于 2017 年 5 月 8 日至 6 月 16 日在 3.8×5 厘米的和田白玉挂件上微刻《金刚经·心经》，字数 5718 字，刻字面积 810.12 平方毫米。

NO：05110 2018.07

## 紫砂壶微刻之最

字数：309 字　刻字面积：95 平方毫米

金水芳（浙江·绍兴）于 2018 年 6 月 25 日至 26 日在紫砂壶茶盖上微刻 15 首唐人五言绝句，字数 309 字，刻字面积 95 平方毫米。

NO：05109 2018.07

## 玉石平面微刻之最

字数：277 字　刻字面积：9.30 平方毫米

金水芳（浙江·绍兴）于 2017 年 10 月 5 日至 6 日在 2×3.2 厘米的平面玉石上微刻《般若波罗蜜多心经》，字数 277 字，刻字面积 9.30 平方毫米。

NO：05108 2018.07

## 展示不重样烧麦数量之最

品种：108 种

2018 年 7 月 17 日由乌兰察布市政府、自治区餐饮与饭店协会主办的"第七届中俄蒙美食文化节暨第二届中国乌兰察布美食文化节"系列活动之"品绿色美食·享避暑天堂"在内蒙古自治区乌兰察布市集宁区吉祥广场举行，现场由内蒙古老绥元餐饮管理有限公司组织 5 位厨师制作并展示 108 种不同馅料的烧麦。

NO：05107 2018.07

## 最高的崖柏根雕作品
## ——《天女散花》

长：3.13 米　宽：2.05 米　高：4.34 米

该根雕作品选用广西崖柏为原料，以"天女散花"为题，采用半雕技法根据崖柏自然节瘤、皱褶、肌理雕刻而成。

酒泉富康天宝文化旅游有限公司于 2017 年 2 月收藏。

NO：05106 2018.07

## 最长的花梨木根抱石根雕作品
——《修长城》

长：37 米　宽：2.8 米　高：3.6 米

该根雕作品选用广西花梨木根抱石为原料，以修筑长城历史故事为题，采用圆雕、透雕等技法根据原料自然走势雕刻而成。

酒泉富康天宝文化旅游有限公司于 2018 年 6 月收藏。

NO：05105　2018.07

## 展示不重样牛羊肉菜肴数量之最

数量：118 道

2018 年 7 月 7 日由牛羊传奇、古泥尔盛宴、日盛世濠、包头蒙古大营、小尾羊、海德酒店、谷顺源、额尔敦、老绥元内蒙古自治区 9 家餐饮品牌（企业）分别烹制烤全羊、烤全牛、酱香牛肉、冷切羊肉等 118 道不重样牛羊肉菜肴。

2018 年 7 月 8 日展示于由哈木格品牌策略机构主办的"中国羊肉美食节·牛羊盛宴"活动。

NO：05103　2018.07

## 最大的丰镇月饼

直径：1.396 米　厚度：0.12 米　重量：135 千克

2018 年 7 月 2 日由丰镇市人民政府主办，中共丰镇市委宣传部、隆盛庄镇人民政府、丰镇市月饼协会等部门承办的"丰镇市第二届月饼文化节暨隆盛庄首届传统美食文化节"系列活动在丰镇市隆盛庄中学院内举行，活动现场由马志勇组织多名月饼技师选用小麦粉、胡麻油、绵白糖、馅料、水为原料制作丰镇月饼。

NO：05099　2018.07

## 新能源汽车环球飞车圈数之最

圈数：36 圈

2018 年 5 月 23 日由上海圆成文化传媒有限公司组织特技演员在上海市崇明区城桥镇西引路 789 号驾驶新能源汽车进行环球飞车特技表演，铁球直径 9 米，行驶速度 60 至 90 公里 / 小时。

NO：05098　2018.06

## 最大的纸袋拼图

面积：415.26 平方米

2018 年 6 月 18 日由合肥万达茂、合肥市广播电视台新闻广播主办的"最大的纸袋拼图"活动在合肥万达茂举行，现场 950 位市民手举黑、白两色纸袋拼成面积为 415.26 平方米的足球图案。

NO：05096　2018.06

## 规模最大的古琴弹唱活动

人数：487 人

2018 年 6 月 17 日由太原大隐禅文化交流有限公司、山西元音琴社主办的"规模最大的古琴弹唱活动"在山西省太原市西村大隐精舍生态园举行，现场 487 位古琴爱好者共同弹唱曲目《鹿鸣》。

NO：05095　2018.06

## 规模最大的药用植物展卖会
——"养在普洱·2018 端午百草根节系列活动"

展位数量：1099 个

2018 年 6 月 17 日由云南省科学技术协会、云南中医学院、云南省民族民间医药学会、普洱市卫生和计划生育委员会主办，普洱悦城商业运营管理有限公司承办的"养在普洱·2018 端午百草根节系列活动"在云南省普洱市思茅区阳光悦城举行，现场展位总长 1648.5 米，参展药用植物约 200 种。

NO：05094　2018.06

## 最长的金渲彩绘版纯银画卷——《丝路山水地图》

长：15 米　宽：0.35 米

该纯银画卷由南京金满地文化发展有限公司策划，以《丝路山水地图》为蓝本，纯银宣纸为载体，采用"金渲彩绘"工艺制作而成。

NO：05093　2018.06

## 持续时间最长的朗读接力活动（异地）
——"悦读荆州"全民阅读活动

时间：25 小时 48 分钟

2018 年 5 月 19 日 16 时 00 分至 20 日 17 时 48 分，由中共荆州市委宣传部、荆州市精神文明建设委员会办公室、荆州市教育体育局、荆州市文化新闻出版广电局、荆州市总工会、共青团荆州市委、新华书店荆州市分公司主办，荆州人民广播电台承办，碧桂园荆州片区全程支持的"悦读荆州·文明有我"全民阅读主题活动在荆州市碧桂园中央公园、荆州人民广播电台、长江大学文理学院等地举行，1027 位朗读爱好者以不间断朗读接力的形式朗读《美丽中国》《致橡树》《走向远方》等经典篇目。

NO：05090　2018.06

## 最大的皖螺灵璧石

长：6.2米　宽：1.4米

高：3.2米

该皖螺灵璧石产自安徽省灵璧县，重55吨。

株洲石头城置业有限公司于2000年收藏，现展于湖南省株洲县渌口镇松西子奇石文化园。

NO：05089　2018.06

## 最大的黑森林蛋糕

长：4.5米　宽：4.5米　高：7厘米

该蛋糕系嘉文天地（北京）投资管理有限公司为庆祝"六一儿童节大型主题活动《嘉文梦想世界》"定制，选用蛋糕胚、奶油、黑巧克力等原料制作而成。

2018年6月1日展于天津空港区SM购物中心，并供游客免费品尝。

NO：05088　2018.06

## 规模最大的黄梅戏齐唱活动
## ——"合肥万达乐园爱情孝亲节"

人数：2663人

2018年5月30日由合肥万达乐园、中科惠泽养老产业投资有限公司、安徽广播电视台戏曲广播频率、安徽省黄梅戏艺术发展基金会、安徽省黄梅戏剧院联合主办的"合肥万达乐园爱情孝亲节"活动在合肥万达乐园举行，现场2663位戏曲爱好者齐唱黄梅戏《天仙配》选段《夫妻双双把家还》。

NO：05087　2018.05

## 同时蒸制蒸菜数量之最

数量：1098道

2018年5月27日由湖北省天门市人民政府主办，天门市商务局、天门市烹饪协会承办的"创大世界基尼斯纪录——同时蒸制蒸菜数量之最"活动在天门市陆羽广场举行，现场由张在祥等9位厨师蒸制1098道蒸菜，并供市民免费品尝。

NO：05086　2018.05

## 最长的焦墨山水画

画芯尺寸：618×1.2　装裱尺寸：620.52×1.276米

陈宝刚，笔名石梵（辽宁·锦州）于2018年3月28日至5月5日以焦墨山水技法创作国画《百嶂千峰梦幻漓江》，用笔32支，耗墨300斤，并装裱成卷。

NO：05085　2018.05

## 最大盘椒麻鸡拌面

重量：505千克　盘子直径：2.3米

2018年5月11日，曾爱斌（新疆·乌鲁木齐）在"第八届乌鲁木齐国际食品餐饮博览会"现场选用鸡肉、面条等原料制作而成。

NO：05083　2018.05

## 规模最大的牦牛肉烧烤活动
## ——"兴帅馨环保烧烤炉牦牛肉烧烤活动"

人次：1000人次

2018年5月11日至5月13日由新疆国际会展中心主办，新疆商业人才培训服务中心、新疆丝路特色餐饮研发中心承办的"第八届乌鲁木齐国际食品餐饮博览会"在新疆国际会展中心馆外东广场举行，活动现场游客采用乌鲁木齐兴帅馨环保科技有限公司提供的无烟环保型烤炉烤制牦牛肉串。

NO：05082　2018.05

## 规模最大的黄面品尝活动

人次：11050人次

2018年5月11日至5月13日由新疆国际会展中心主办，新疆商业人才培训服务中心、新疆丝路特色餐饮研发中心承办的"第八届乌鲁木齐国际食品餐饮博览会"在新疆国际会展中心馆外东广场举行，活动现场乌鲁木齐奇台三粮烧烤店制作1008.25千克新疆传统食品黄面并供游客品尝。

NO：05081　2018.05

## 规模最大的麻辣田螺品尝活动

人次：10600人次

2018年5月11日至5月13日由新疆国际会展中心主办，新疆商业人才培训服务中心、新疆丝路特色餐饮研发中心承办的"第八届乌鲁木齐国际食品餐饮博览会"在新疆国际会展中心馆外东广场举行，活动现场乌鲁木齐许记辣品餐饮管理有限公司炒制707千克麻辣田螺并供游客品尝。

NO：05080　2018.05

## 展示同一主题（阿胶文化）雕刻作品最多的景区
## ——百年堂阿胶文化苑

数量：385件

该景区位于山东省东阿县阿胶街，自2016年5月至2018年3月景区内展示以阿胶文化为主题的石像84尊，石碑172块，浮雕14块，石栏115件，雕刻内容涵盖历史名医、制胶工艺流程等。

山东东阿百年堂阿胶生物制品股份有限公司管理。

NO：05079　2018.05

## 水电电动三轮车产销量累计最高的企业
## ——河南新鸽摩托车有限公司

累计产销量：180 万辆

河南新鸽摩托车有限公司以产销电动三轮车、三轮摩托车等小型车辆为主，于 1999 年 5 月至 2018 年 3 月 28 日累计产销 180 万辆水电电动三轮车。

NO：05077　2018.05

## 累计演出同一剧目场次最多的景区
## ——沙家浜风景区

累计场次：25248 场

2001 年 1 月 1 日至 2018 年 4 月 13 日"沙家浜艺术团"在江苏省常熟市沙家浜风景区戏台演出著名唱段京剧《沙家浜·智斗》、沪剧《芦荡火种·智斗》，累计演出 25248 场。

NO：05076　2018.05

## 最大的摩尔石

尺寸：4×3.8×2.8 米

该摩尔石产自广西大化，呈青绿色，重 22 吨。

刘俐君（广西·柳州）、彭美芳（湖北·阳新）于 2012 年 6 月收藏。

NO：05075　2018.04

## 最大的折扇造型建筑
## ——南京万达茂

占地面积：70675.77 平方米

该建筑位于南京市栖霞区仙林大道 181 号，以金陵折扇为设计原型，"折扇"外立面展开面积 17551.61 平方米，建筑东面长 242.68 米、南面长 484.28 米、西面长 96.5 米，高 37.71 米，总占地面积 70675.77 平方米。

2018 年 5 月竣工并投入使用，南京万达茂投资有限公司管理。

NO：05074　2018.04

## 规定行驶里程内汽车轮胎扎钉次数之最
## ——"龙牌轮胎"

单个轮胎扎钉次数：7000 次

扎钉轮胎数量：2 个

规定行驶里程：200 公里

2018 年 4 月 24 日在江苏龙顺轮胎科技有限公司举办的"龙牌轮胎"防爆测试活动中，谢永波驾驶起亚牌汽车（轮胎型号：225/60R17 99H　牌照：苏 FCR553），在一条装有 175 枚直径 5 毫米、长 35 毫米的钢钉板上来回行驶，单侧两轮共同扎压钢钉各 7000 次，并以不低于 80 公里 / 小时的速度完成规定行使里程。

NO：05072　2018.04

## 参与人数最多的凉面品尝活动
## ——"营山凉面品尝活动"

人数：14800 人

2018 年 4 月 25 日由中共营山县委、营山县人民政府主办的"万人同吃营山凉面民俗文化活动"在营山新时代广场举行，现场 14800 位市民共同品尝当地特色食品"营山凉面"。

NO：05071　2018.04

## 中国最大的草编作品
## ——《中国龙》

最长处：150.57 米

最宽处：3.62 米

最高处：6.55 米

该草编作品以"中国龙"为原型，内部采用钢骨架结构，表面由 3000 余斤稻草编制。

福建汤川文化旅游投资有限公司于 2018 年 4 月 13 日制作完成，现展于福建省三明市尤溪县汤川乡古溪星河休闲农谷。

NO：05070　2018.04

## 面积最大的电池拼图
## ——"鸿坤业主共创最大电池树"

面积：14.6 平方米

2018 年 4 月 21 日由鸿坤地产集团主办，鸿坤物业承办的"鸿坤业主共创最大电池树"活动在河北省涿州市鸿坤·理想湾举行，现场 600 余名业主用 2 万余节废电池共同拼成 14.6 平方米的"树"形图案。

NO：05068　2018.04

## 个人收藏不重样熨斗数量之最

数量：1158 把

邹卫（广东·深圳）、刘玉平（广东·深圳）于 2003 年 1 月至 2017 年 12 月收藏从汉代到民国时期不同造型的熨斗共 1158 把。

NO：05067 2018.04

## 规模最大的"高腔诗雷"展演活动

人数：1313 人

"高腔诗雷"系大新壮族高腔山歌。2018 年 4 月 18 日由大新龙冈旅游发展有限公司主办的规模最大的"高腔诗雷"展演活动在广西壮族自治区大新县那岭乡龙宫仙境旅游区举行，现场 1313 名壮族男女同唱大新壮族高腔山歌。

NO：05064 2018.04

## 规模最大的春糍粑活动

人数：1032 人

2018 年 4 月 18 日由大新龙冈旅游发展有限公司主办的规模最大的春糍粑活动在广西壮族自治区大新县那岭乡龙宫仙境旅游区举行，现场 1032 人同时参与春糍粑活动。

NO：05063 2018.04

## 规模最大的"登荡舞"展演活动

人数：1314 人

"登荡舞"系广西壮族自治区大新县原生态民族舞蹈。2018 年 4 月 18 日由大新龙冈旅游发展有限公司主办的规模最大的"登荡舞"展演活动在广西壮族自治区大新县那岭乡龙宫仙境旅游区举行，现场 1314 人身着壮族传统服饰同跳"登荡舞"。

NO：05062 2018.04

## 最大的梅花拳文化主题建筑
### ——梅花拳始祖殿

占地面积：6534 平方米

该建筑位于河北省邢台市平乡县中国梅花拳文化产业园内，为纪念梅花拳始祖邹宏义而建。大殿主体仿明清古建筑架构，长 99 米、宽 66 米、高 33 米。

2014 年 11 月竣工，国家非物质文化遗产梅花拳平乡县后马庄保护传承协会管理。

NO：05061 2018.04

## 档案盒（袋）年产量最高的县
### ——河北省平乡县

年产量：7.5 亿个

河北省邢台市平乡县生产档案盒（袋）近 30 年，档案盒主要材质为无酸纸、PP、PVP 颗粒，档案袋主要材质为无酸纸，2017 年档案盒（袋）年产量 7.5 亿个。

NO：05060 2018.04

## 举办最大规模童车博览会的县
### ——河北省平乡县

展览面积：4 万平方米

人数：10 万人

2017 年 11 月 17 日至 19 日由河北省邢台市平乡县人民政府主办的"第八届中国·北方（平乡）国际自行车、童车玩具博览会"在平乡县北方国际会展中心举行，其中国际标准展位 2000 个，参展企业 1000 余家，主要展示童车、电动玩具、安全座椅等。

NO：05059 2018.04

## 举办童车博览会届数最多的县
### ——河北省平乡县

届数：8 届

河北省邢台市平乡县自 2014 年 5 月至 2017 年 11 月依次于天顺会展中心、北方国际会展中心连续举办 8 届"中国·北方（平乡）国际自行车、童车玩具博览会"。

NO：05058 2018.04

## 操控最长提线的木偶书法表演

最长提线：5.2 米

庄丽娥（福建·泉州）于 2017 年 7 月 1 日在福建省泉州市提线木偶戏传承保护中心高空操控提线木偶进行书法表演，其中单根提线最长 5.2 米。

NO：05057 2018.04

## 最大的由蔬菜拼贴成的航母模型

最长处：25.16 米

最宽处：5.63 米

最高处：1.3 米

该航母模型以木质框架为结构，外部采用白豆 25 万余颗，红花豆 8 万余颗，黄南瓜 2000 余个，桔南瓜 2000 余个拼贴而成。

2018 年 2 月 20 日至 3 月 22 日由兰陵新天地旅游开发有限公司制作完成，现展于山东省临沂市兰陵国家农业公园。

NO：05056 2018.03

## 参与人数最多的叫化鸡制作活动

人数：1285 人

2018 年 3 月 25 日，由常熟市虞山尚湖旅游发展有限责任公司主办的"参与人数最多的叫化鸡制作活动"在江苏省常熟市尚湖风景区举行，现场 1285 位游客参与制作叫化鸡。

NO：05055　2018.03

## 最大的独幅双面铜刻作品
## ——《神骏》

尺寸：212.5×99 厘米

该作品正面刻有马 3 匹，隶书、行书落款 19 字，篆书姓氏印章 1 枚；反面刻有："面对抉择坦然从速"，行书落款 3 字，篆书姓氏印章 1 枚。

汤友常（江苏·常州）于 2018 年 2 月 28 日至 2018 年 3 月 15 日用电动切割刀在"汤友常文化展示中心"雕刻而成。

NO：05054　2018.03

## 最大的独幅双面铜刻作品
## ——《骏杰》

尺寸：211.5×99 厘米

该作品正面刻有马 2 匹，隶书、行书落款 18 字，篆书姓氏印章 1 枚；反面刻有："让世界为我而骄傲"，行书落款 3 字，篆书姓氏印章 1 枚。

汤友常（江苏·常州）于 2018 年 2 月 25 日至 2018 年 3 月 14 日用电动切割刀在"汤友常文化展示中心"雕刻而成。

NO：05053　2018.03

## 最大的独幅双面铜刻作品
## ——《傲霜》

尺寸：210.5×99 厘米

该作品正面刻有菊花 38 朵，隶书、行书落款 18 字，篆书姓氏印章 1 枚；反面刻有："只有历经艰难困苦洗礼的人生才会更精彩"，行书落款 3 字，篆书姓氏印章 1 枚。

汤友常（江苏·常州）于 2017 年 10 月 5 日至 2018 年 3 月 12 日用电动切割刀在"汤友常文化展示中心"雕刻而成。

NO：05052　2018.03

## 最大的独幅双面铜刻作品
## ——《雄踞》

尺寸：209.5×99 厘米

该作品正面刻有虎 5 只，蝴蝶 1 只，吉祥草 1 颗，隶书、

行书落款 19 字，篆书姓氏印章 1 枚；反面刻有："万物与我共享"，行书落款 3 字，篆书姓氏印章 1 枚。

汤友常（江苏·常州）于 2018 年 2 月 20 日至 2018 年 3 月 11 日用电动切割刀在"汤友常文化展示中心"雕刻而成。

NO：05051　2018.03

## 最大的独幅双面铜刻作品
## ——《鹤寿》

尺寸：208.5×99 厘米

该作品正面刻有仙鹤 45 只，吉祥草 3 颗，隶书、行书落款 19 字，篆书姓氏印章 1 枚；反面刻有："有梦想才会有希望"，行书落款 3 字，篆书姓氏印章 1 枚。

汤友常（江苏·常州）于 2017 年 9 月 30 日至 2018 年 3 月 10 日用电动切割刀在"汤友常文化展示中心"雕刻而成。

NO：05050　2018.03

## 最大的独幅双面铜刻作品
## ——《祥瑞》

尺寸：207.5×99 厘米

该作品正面刻有鸡 16 只，隶书、行书落款 18 字，篆书姓氏印章 1 枚；反面刻有："龙兴凤祥"，行书落款 3 字，篆书姓氏印章 1 枚。

汤友常（江苏·常州）于 2017 年 9 月 25 日至 2018 年 3 月 8 日用电动切割刀在"汤友常文化展示中心"雕刻而成。

NO：05049　2018.03

## 最大的独幅双面铜刻作品
## ——《南兰陵》

尺寸：206.5×99 厘米

该作品正面刻有："南兰陵"，行书落款 3 字，篆书姓氏印章 1 枚；反面刻有："南兰陵酒颂"，隶书 205 字、行书落款 28 字，篆书姓氏印章 1 枚。

陈俭（江苏·常州）撰文，汤友常（江苏·常州）于 2017 年 9 月 20 日至 2018 年 3 月 4 日用电动切割刀在"汤友常文化展示中心"雕刻而成。

NO：05048　2018.03

## 参与人数最多的奶粉冲调活动
## ——"爱他美卓萃奶粉品测"

人数：103 人

2018 年 3 月 20 日由纽迪希亚生命早期营养品管理(上海)有限公司主办的"爱他美卓萃奶粉品测"活动在北京市朝阳

区宝格丽酒店内举行，现场 103 位参与者在母婴营养师指导下对"爱他美卓萃奶粉"进行望、闻、冲、饮等品测互动活动。

NO：05047 2018.03

## 规模最大的广场舞展演活动（同城）

人数：21892 人

2018 年 3 月 15 日由常德市文化旅游投资开发集团有限公司主办，常德市桃花源旅游管理有限公司、湖南中铁国际旅行社有限公司、常德市亲和力旅游国际旅行社有限公司承办的"健康湖湘行 共舞中国梦"活动在湖南省常德市桃花源景区内桃花山、太极广场等 5 个场地同时举行，现场 21892 名广场舞爱好者参与此次活动。

NO：05046 2018.03

## 最长的同构图形主题书画长卷
## ——《十二生肖图》根意书画长卷

长：10 米 宽：0.7 米

徐铭均（北京）以"十二生肖"与"植物"相结合为题材，于 2017 年 8 月至 9 月在整幅长 10 米、宽 0.7 米的长卷上绘制完成。

NO：05043 2018.03

## 指导学生获得国家、省级奖项（微雕类）最多的导师
## ——冯耀忠

数量：51 项

冯耀忠（浙江·萧山）于 2011 年 9 月至 2014 年 10 月指导学生获得国家级微雕类奖项 43 项，省级微雕类奖项 8 项，共计 51 项。

NO：05039

## 个人书法类作品镶嵌微雕之最

字数：11 字

微度：0.157 平方毫米／字

冯耀忠（浙江·萧山）于 2011 年 5 月至 6 月在镶嵌于书法作品内的牙片上完成"处处留心皆学问 壬辰天石"11 字微雕作品，长 1.621 毫米、宽 1.068 毫米。

NO：05038 2018.02

## 袖管内微雕字数之最

字数：17 字

微度：0.74 平方毫米／字

冯耀忠（浙江·萧山）于 2017 年 9 月 3 日在置于袖管内的赤峰冻石石章上完成"微中见艺乃吾终身奋斗之目标 丁

酉天石"17 字微雕作品，长 13.637 毫米、宽 0.923 毫米。

NO：05037 2018.02

## 抽屉内微雕字数之最

字数：12 字

微度：0.854 平方毫米／字

冯耀忠（浙江·萧山）于 2017 年 9 月 1 日在置于抽屉内的辽宁冻石石章上完成"世上无难事 只怕有心人 天石"12字微雕作品，长 12.559 毫米、宽 0.816 毫米。

NO：05036 2018.02

## 悬空微雕之最
## ——《李白诗五十首》

悬空深度：47.5 毫米

微度：0.92 平方毫米／字

冯耀忠（浙江·萧山）于 2002 年 8 月至 2003 年 1 月在青田封门冻石上悬空完成微雕作品，长 61.62 毫米、宽 26.76毫米，共计 1789 字。

NO：05035 2018.02

## 最小的微雕书法作品
## ——《唐诗十二首》

面积：5.217 平方毫米

微度：0.021 平方毫米／字

字数：245 字

冯耀忠（浙江·萧山）于 2015 年 3 月至 4 月在面积 5.217平方毫米（长 3.465 毫米、宽 2.229 毫米）的不规则椭圆形牙片上微雕而成。

NO：05034 2018.02

## 个人微雕微画类作品数量之最

数量：431 件

冯耀忠（浙江·萧山）于 1992 年 5 月至 2016 年 7 月采用先微雕后着色的技法在牙片上完成微画作品，共计 431 件。

NO：05033 2018.02

## 个人微雕挂件类作品数量之最

数量：497 件

冯耀忠（浙江·萧山）于 1991 年 2 月至 2017 年 6 月在不同材质的挂件上完成微雕作品，共计 497 件。

NO：05032 2018.02

## 个人微雕印章类作品数量之最

数量：249 件

冯耀忠（浙江·萧山）于 1990 年 7 月至 2013 年 6 月在不同材质的印章上完成微雕作品，共计 249 件。

NO：05031　2018.02

## 个人微雕微字组字作品数量之最

数量：111 件

冯耀忠（浙江·萧山）1991 年 1 月至 2016 年 8 月在不同材质上微雕微字组字作品，共计 111 件。

NO：05030　2018.02

## 最长的民间传说主题灯组
### ——"鲤鱼跃龙门"

长：128 米　宽：16 米　高：18 米

该灯组以民间传说"鲤鱼跃龙门"为题，采用钢架结构、丝架立体造型、内光源照明、LED 灯带勾边等彩灯传统工艺制作。

山东岱立文化传媒有限公司于 2018 年 2 月 5 日制作完成，2018 年 2 月 10 日展于山东省潍坊市峡山区中央公园内。

NO：05029　2018.02

## 单套品种数量最多的陨石标本

品种：60 种

叶文（上海）于 2011 年 1 月至 2018 年 2 月收藏月球陨石、火星陨石、球粒陨石、无球粒陨石、中铁陨石、铁陨石等 60 种陨石切片及原石。

NO：05028　2018.02

## 规模最大的政府网站群
### ——"中国林业网"

数量：4129 个

该网站群（www.forestry.gov.cn）由国家林业局信息中心策划并建设，其中纵向站群包括世界林业、国家林业、省级、市级、县级、乡镇林业共 1308 个，横向站群包括国有林区、国有林场、种苗基地、森林公园、湿地公园、沙漠公园、自然保护区、科研院所、龙头企业等 2715 个，特色站群包括美丽中国网、中国植树网、中国林业数字图书馆、中国林业数据库等 106 个，共计 4129 个子站。

2018 年 1 月建成，国家林业局信息中心管理。

NO：05027　2018.02

## 最大的蒙古袍

长：13.5 米　宽：7 米

该蒙古袍为巴尔虎蒙古族春秋季服装，以绸缎为面料，填充棉花约 500 斤，领口长 6.8 米，袖长 18 米，缝制针数约 100 万针。

色·乌仁其木格（内蒙古·呼伦贝尔）于 2017 年 12 月 20 日至 2018 年 1 月 25 日制作而成。

NO：05026　2018.02

## 最大的雪雕狗
### ——"金狗贺春"

尺寸：119.65×55.66×17.94 米

该雪雕以生肖"狗"为题，采用人工造雪堆积雪坯，沈阳雪冰艺术雕塑有限公司组织百余位雪雕技师为"2018 沈阳国际冰雪节主会场棋盘山冰雪大世界"手工雕刻而成。

2018 年 2 月 1 日至 3 月 4 日展于沈阳市棋盘山风景区内。

NO：05024　2018.02

## 最多香水瓶装饰的彩灯
### ——"灯耀五洲"

数量：2903 个

该彩灯最大直径 3.6 米，高 9.18 米，采用钢骨架结构、立体丝架造型、内光源照明等彩灯传统工艺制作，表面装饰 2903 个 Len 伦恩香水瓶。

自贡市传奇彩灯有限公司于 2018 年 1 月 29 日制作完成，现展于广东省广州市越秀公园。

NO：05023　2018.02

## 中国野山参种植面积最大的基地
### ——天桥沟野山参基地

种植面积：49517.25 亩

该野山参种植基地位于辽宁省丹东市宽甸满族自治县双山子镇天桥沟森林公园内，总种植面积 49517.25 亩，2006 年 12 月由参仙源参业股份有限公司管理。

NO：05022　2018.02

## 横渡海峡年龄最大的人

年龄：67 岁 9 个月

徐玉祥（上海）1949 年 7 月 21 日出生，于 2017 年 6 月 19 日 5 时 37 分在海南省海口市新埠岛防波堤海岸下水，至当日 20 时 38 分在广东省徐闻县排尾角海岸登岸，总游程

25.8 公里，用时 15 小时 01 分钟，成功横渡琼州海峡。

NO：05021 2018.01

## 规模最大的坚果主题年会
## ——"2018 粒上皇坚果年夜会"

人数：6680 人

2018 年 1 月 27 日，由广州粒上皇食品有限公司主办的规模最大的坚果主题年会——"2018 粒上皇坚果年夜会"在广州市越秀区中华广场举行，现场 6680 人参与坚果品尝、坚果互动游戏等年夜会活动。

NO：05020 2018.01

## 音键数量最多的石琴（单排）

数量：22 个音键

该石琴采用响石制作而成，总长 3.53 米，其中琴身长 2.72 米，最长音键长 1.28 米，最短音键长 0.54 米。

赵作斌（湖北·武汉）2015 年 10 月收藏。

NO：05019 2018.01

## 徒步登山路线最长的山峰
## ——乔戈里峰

直线距离：31.299 公里

乔戈里峰为世界第二高峰，海拔 8611 米，山峰平均坡度达 45 度以上，坐落于喀喇昆仑山中段（北纬 35°53′，东经 76°31′），新疆维吾尔自治区叶城县境内。自乔戈里峰主峰至最近公路直线距离 31.299 公里。

NO：05018 2018.01

## 海拔最高的公路 —— 新藏线

平均海拔：4500 米

新藏线亦称 219 国道，自起点新疆叶城出发至终点西藏拉孜，途经昆仑山、岗地寺山、喜马拉雅山脉等五大山脉，全长 2143 千米，其中海拔 4000 米以上路段 915 千米，海拔 5000 米以上路段 130 千米，平均海拔 4500 米以上。

1956 年 3 月开工建造，1957 年 6 月投入使用。

NO：05017 2018.01

## 最大的金云母晶簇

尺寸：110×53×74 厘米

该金云母晶簇产自巴西，整体呈金黄色。

林志强（福建·泉州）于 2018 年 1 月收藏。

NO：05016 2018.01

## 最大的云母、长石共生晶簇

尺寸：113×53×96 厘米

该云母、长石共生晶簇产自巴西，云母呈绿色，透明部分为云母的理解面，长石呈白色。

林志强（福建·泉州）于 2018 年 1 月收藏。

NO：05015 2018.01

## 最大的绿水晶晶簇

尺寸：129×29×100 厘米

该绿水晶晶簇产自内蒙古，整体呈绿色。

林志强（福建·泉州）于 2018 年 1 月收藏。

NO：05014 2018.01

## 最大的黄玉晶体

尺寸：17×7.5×8.5 厘米

该黄玉晶体产自巴西，呈黄色。

林志强（福建·泉州）于 2018 年 1 月收藏。

NO：05013 2018.01

## 面积最大的纸箱拼图

面积：309 平方米

2018 年 1 月 20 日由常州市钟楼区南大街街道办事处、常州市钟楼区民政局、共青团常州市钟楼区委员会、常州市钟楼区妇女联合会、常州吾悦广场联合主办的"2018 爱·益起，种好常州幸福树"活动在常州吾悦广场举行，现场志愿者用 2600 余个纸箱拼成长 30.9 米、宽 10 米的活动主题图案。

NO：05012 2018.01

## 规定时间内游历最多国家（地区）的人
## ——陈广明

数量：72 个 时间：1 年

陈广明（河南·焦作）于 2017 年 1 月 15 日至 2017 年 12 月 31 日搭乘飞机、火车、游轮、巴士等交通工具，先后游历苏丹、索马里、乍得、赤道几内亚、刚果、斯威士兰、巴拿马、伯利兹、牙买加、海地等 72 个国家和地区。

NO：05011 2018.01

## 立井井筒掘砌成井连续超百米月份之最

月份数：9 个月　累计成井：1008 米

中煤第五建设有限公司第三工程处于 2017 年 4 月 1 日至 12 月 31 日承建的新城金矿主井井筒掘砌成井连续 9 个月超百米，累计成井 1008 米。

NO：05010　2018.01

## 最大的藏式传统佛塔建筑
## ——世界吉祥万佛塔

占地面积：4137.55 平方米

该佛塔坐落于青海省循化县文都乡十世班禅大师故居朵思麻文都城内，以藏传佛教密宗坛城为造型，采用藏族传统建筑工艺建造而成，高 60 米、宽 57 米。佛塔主体分为内、中、外三层，塔内地宫共 5 层，四面有 108 个门，共 128 座大小佛殿，各殿供奉万余尊铜质佛像，并收藏万余本藏传佛教典籍。

2004 年 2 月 11 日由十世班禅大师侄子噶尔哇·阿旺桑波活佛倡议重建，2016 年 8 月 10 日竣工，由班禅因明学院管理。

NO：05009　2018.01

## 最多人参与绘制的陶瓷瓶
## ——《花开耀中华》

人数：19 人

该陶瓷瓶分别由 19 位工艺美术师采用釉上彩技法在瓶身上绘以荷花、牡丹花、芙蓉花等 19 种花卉，2018 年 1 月烧制完成。

刘伟（江西·景德镇）于 2018 年 1 月收藏。

NO：05008　2018.01

## 最大的和田玉花薰——"百福大花薰"

尺寸：180×140×96 厘米

该花薰取材于和田玉，重约 800 千克，由地足、中节、主身、盖、顶等 7 个部分组成，并雕有百个"福"字。

陈登元（福建·福州）2018 年 1 月收藏。

NO：05007　2018.01

## 最大的黄龙玉籽料

长：153 厘米　宽：125 厘米
高：75 厘米

该黄龙玉籽料产自云南省龙陵县，重 1860 千克，呈金黄色，整体包浆。

傅文伟（浙江·杭州）于 2004 年 12 月收藏。

NO：05006　2018.01

## 使用最大（单人份）餐盘的餐厅
## ——新疆第一盘餐饮连锁机构

直径：0.46 米　高：0.1 米

该餐厅位于北京市朝阳区北苑路，面积 320 平方米，可供 100 余人同时就餐，店内使用直径 0.46 米、高 0.1 米的餐盘为顾客提供菜品，餐盘上均印有"新疆第一盘"标识。

新疆第一盘餐饮连锁机构管理，2017 年 10 月 12 日正式营业。

NO：05005　2018.01

## 参与人数最多的雨伞拼图活动
## ——中国第一"赞"

人数：4003 人

2018 年 1 月 1 日由中国邮政储蓄银行合肥市分行冠名，安徽交通广播（FM90.8）主办的"2018 中国第一赞·点赞新时代"活动在合肥市滨湖万达茂广场举行，现场 4003 名听众手持雨伞拼成点赞手势图案。

NO：05004　2018.01

## 使用最长钓鱼竿顶球的人

长：14.32 米

2017 年 12 月 9 日丁友谊（安徽·蚌埠）于安徽省固镇县第二中学门口使用长 14.32 米的鱼竿垂直顶起皮球（直径 25 厘米、重 1043 克），并在鱼竿顶端旋转 44 秒。

NO：05003　2017.12

## 最大的珐琅毛泽东像章

高：3 米　宽：2 米

该像章以"毛主席去安源"为题，以瓷釉为原料于 8 毫米钢板上涂烧而成，重 410 千克。

孙文忠（辽宁·鞍山）于 1995 年 7 月收藏。

NO：05002　2017.12

## 含有海洋球数量最多的室内主题乐园

数量：2018 万余个

该主题乐园位于吉林省长春市合隆经济开发区，总面积 32000 平方米，内设海洋世界、阳光海岸、景观远洋游轮、燃情沙漠四大主题区域，乐园各区域内投放 2018 万余个直径约 7 厘米花色海洋球。

　　吉林省同乐旅游服务有限公司投资建设，于 2017 年 12 月 30 日竣工，2018 年 5 月 1 日开业。

NO：05000　2017.12

## 最大的水豆腐（印花）

长：3.88 米　宽：3.88 米

高：0.25 米

　　2017 年 12 月 23 日由江西省萍乡市芦溪县新泉乡人民政府主办的"首届芦溪·新泉美食（豆腐）文化旅游节"在该县新泉乡河坑村举行，现场主办方组织工作人员制作长 3.88 米、宽 3.88 米、高 0.25 米的水豆腐，表面印有"魅力新泉豆腐小镇"字样。

NO：03998　2017.12

## 规模最大的圣诞歌演唱活动
## ——"宝龙商业·爱的红帽子"

人数：1334 人

　　2017 年 12 月 24 日，由宝龙商业集团主办的"规模最大的圣诞歌演唱活动——宝龙商业·爱的红帽子"在上海市闵行区七宝宝龙城举行，现场 1334 人同时演唱圣诞歌。

NO：03997　2017.12

## 最长的木杆秤

长：4.33 米

　　该秤取材缅甸花梨木，最大直径 115 毫米，最大量程 3 吨，秤杆重 104.4 千克，秤砣重 54.4 千克，秤花采用银丝制作，并刻有十八罗汉和八仙图案。

　　李高种（浙江·永康）与 2017 年 3 月 18 日至 12 月 6 日制作完成。

NO：03996　2017.12

## 游历最多国家（地区）和北极的人（含南、北极点）
## ——韩锦生

数量：235 个

　　韩锦生（广东·深圳）于 2006 年 1 月 16 日至 2017 年 12 月 4 日搭乘飞机、火车、游轮、巴士等交通工具，先后游历阿富汗、也门、利比亚、南苏丹、索马里、尼加拉瓜、巴布亚新几内亚、圣赫勒拿、托克劳群岛、皮特凯恩群岛等共计 235 个国家（地区含南、北极）及南、北极点。

NO：03995　2017.12

## 中国人参酒储酒量最多的酒窖
## ——抚参堂人参酒窖

总储量：303.3 吨

　　该酒窖位于四川省泸州市泸县太伏镇，人参酒总储量 303.3 吨，其中含人参 1000 万根。

　　2016 年 11 月 1 日由四川泸州抚参堂酒业有限公司管理。

NO：03994　2017.12

## 持续时间最长的汽车耐力赛

时间：100 小时

　　2017 年 12 月 16 日 12 时至 2017 年 12 月 20 日 16 时由选秀网、云南卫视、中国工业报社主办的"首届中国汽车 100 小时耐力赛（GT100）"在广东肇庆国际赛车场举行，19 部参赛车辆以四名车手轮换的方式连续行驶 100 小时。

NO：03993　2017.12

## 规模最大的合唱团
## ——黎平万人"侗族大歌"合唱团

人数：10288 人

　　该合唱团由黎平县村寨歌队、机关单位歌队、文艺表演队、中小学歌队等团体组成，其中高声部 2300 人，中声部 3300 人，低声部 4688 人，计 10288 人。

　　2017 年 12 月 1 日成立，黎平县文体广电旅游局管理。

NO：03992　2017.12

## 最大的紫砂壶（实用）

高：3.65 米　最大直径：2.15 米

　　该壶采用紫砂泥为原料，净重 1.5 吨，容量约为 4.2 吨。

　　于志学（黑龙江·哈尔滨）于 2017 年 12 月收藏，现展于黄山于志学艺术园。

NO：03991　2017.12

## 以个人为题出版书籍数量最多的士兵 —— 雷锋

数量：508 本

　　1961 年 12 月至 2017 年 7 月全国各地出版社以"雷锋"（1940—1962）为题出版发行不同书号书籍共计 508 本，其中包括由解放军出版社出版的《苦孩子好战士》、中国青年出版社出版的《学习雷锋同志》、辽宁人民出版社出版的《毛主席好孩子》、中国少儿出版社出版的《雷锋的故事》等。

　　2017 年 12 月由辽宁石油化工大学雷锋学研究中心统计。

NO：03990　2017.12

## 游历最多国家（地区）和北极的人
## ——柯银河

数量：235 个

柯银河（福建·龙岩）于 2003 年 11 月至 2017 年 12 月搭乘飞机、火车、游轮、巴士等交通工具，先后游历伊拉克、叙利亚、阿富汗、巴布亚新几内亚、格陵兰、洪都拉斯、哥斯达黎加、皮特凯恩群岛、托克劳群岛、圣赫勒拿岛等，共计 234 个国家（地区）及北极。

NO：03989  2017.12

## 最长的萝卜糕（拼接）

长：83.08 米

2017 年 12 月 9 日由江门市新会区旅游局、崖门镇人民政府主办，古兜温泉小镇承办的"第四届新会崖门古兜甜水萝卜文化节"在江门市古兜温泉小镇举行，现场展示以甜水萝卜为原料制成的萝卜糕（拼接）供游客免费品尝。

NO：03988  2017.12

## 最长的瓷板画（竖幅）
## ——景德镇粉彩瓷板画《高山清韵》

长：3.7 米  宽：2 米

该瓷板画由王怀俊于 2017 年 6 月至 2017 年 9 月以山水为题运用"粉彩"装饰技法绘制，经三次烧制而成。

张虹（浙江·嘉兴）于 2017 年 10 月收藏。

NO：03986  2017.12

## 规模最大的勐海烤鸡制作活动
## ——"西双版纳勐海烤鸡"

数量：1200 只

2017 年 12 月 1 日"第三届云南名特小吃暨民族饮食文化节"开幕式在云南省西双版纳景洪市龙舟广场举行，活动现场西双版纳州餐饮与美食行业协会组织 120 位厨师在特制烤架上同时烤制 1200 只勐海烤鸡。

NO：03985  2017.12

## 规模最大的太极推手活动

人数：2036 人

2017 年 11 月 25 日由江西省体育总会主办，江西省社会体育指导中心、南昌市湾里区人民政府、江西省陈式太极拳协会、凤凰网江西频道承办的"2017 江西首届太极文化养生节"开幕式在江西省南昌市湾里区岭秀湖市民广场举行，现场 2036 名太极爱好者共同参与太极推手活动。

NO：03984  2017.11

## 哨音发声音高最高的人（男性）

音高：国际谱 A9（14080 赫兹）

刘奇（天津）于 2017 年 11 月 3 日于天津市音乐家协会使用专业测音软件（Da Tuner Free）进行哨音发声测试，音高在国际谱 A9（14080 赫兹）。

NO：03983  2017.11

## 最大的红宝石花薰

尺寸：60×22×13.5 厘米

该花薰取材于红宝石，重 3.39 千克，由地足、中节、主身、盖、顶等 7 个部分组成，周围雕有 46 个全镂空链环作为装饰。

储云春（云南·瑞丽）于 2017 年 11 月收藏。

NO：03982  2017.11

## 规模最大的采耳活动

数量：500 对

2017 年 11 月 19 日由陕西省商务技能考评中心、陕西省沐浴足浴业协会、河南杨波健康管理服务有限公司主办，西安向东方文化传播有限公司承办的"规模最大的采耳活动"在西安常宁宫休闲山庄举行，现场 500 名从业者为 500 名游客采耳。

NO：03981  2017.11

## 最大的砗磲化石

最长处：116.5 厘米  最宽处：69 厘米

该砗磲化石发掘于非洲大陆东部索马里半岛，最长处 116.5 厘米，最宽处 69 厘米。

陈灿渊（浙江·温州）于 2010 年 9 月收藏。

NO：03980  2017.11

## 最大的鲜花饼
## ——"鲜花盛宴"

直径：3.45 米

2017 年 11 月 17 日由云南信息报社、云南省食品行业协会、昆明市烘焙行业协会主办，云南丝途文化传媒有限责任公司承办，秘境南丝路工作室策划的"中国国际旅游交易会"系列活动之"大世界基尼斯最大的鲜花饼——鲜花盛宴"万人品尝活动在昆明滇池国际会展中心举行，现场展示由昆明亚东宏工贸股份有限公司制作的鲜花饼（直径 3.45 米）供游客免费品尝。

NO：03979 2017.11

## 最大的花梨木独板案

长：8.55 米 宽：1.92 米

该独板案取材花梨木，长 8.55 米、宽 1.92 米、厚 0.3 米。应裕乔（浙江·宁波）于 2010 年 9 月收藏。

NO：03978 2017.11

## 最大的硅硼镁铝石

重：6.12 克拉 尺寸：12.64×9.93×6.89 毫米

该硅硼镁铝石为椭圆形，呈蓝绿色，重 6.12 克拉。陈晓煌（福建·福州）于 2017 年 9 月收藏。

NO：03976 2017.11

## 个人制作剪报数量之最

数量：46 万份

贺龙国（江苏·连云港）1975 年 2 月至 2017 年 10 月收集制作文化、法律、科技、体育、军事、生活等各类剪报 46 万份，每份剪报均含 8 篇以上报道。

NO：03975 2017.11

## 规定时间内书写隶书书法字数之最

时间：1 小时 数量：600 字

2017 年 6 月 1 日田少明（北京）在规定时间内以隶书书写《沁园春·雪》《兰亭序》等作品，共计 600 字（单字尺寸：4×4 厘米）。

NO：03974 2017.11

## 规模最大的热气球空中婚礼

数量：100 对

2017 年 11 月 6 日，由南京广播电视集团主办的"规模最大的热气球空中婚礼"活动在武汉汉南通用机场举行，现场 100 对新人乘坐 100 个热气球同时升空（系留飞行）举行结婚仪式。

NO：03973 2017.11

## 最大的蒙古银碗

碗口直径：1.50 米 碗底直径：0.78 米 高：0.70 米

该银碗由张硕文、白玉龙（内蒙古·巴彦淖尔）选用巴西花梨木、96 千克纯银及 1648 颗宝石以乌拉特传统银饰工艺制作，碗身刻有"博克乌日哲""哈布图·哈萨尔""牟纳山""川井"等图案。

NO：03972 2017.11

## 最长的丝光棉剪布作品
## ——《骏马奔腾》

长：21.34 米 宽：1.02 米

该作品由邢浩南（江苏·徐州）于 2007 年 9 月至 2017 年 3 月以"马"为题选用丝光棉布剪制拼贴而成。

NO：03970 2017.10

## 规定时间内蒙眼刮脸数量之最

人数：5 人 时间：30 分钟

李永涛（河南·商丘）在规定时间内蒙眼为 5 位顾客完成刮脸（包括刮胡、刮面、刮耳等项目）。

2017 年 10 月 15 日于河南省商丘市"李涛寸头王"理发店创造。

NO：03969 2017.10

## 单日书写最长的同一汉字书法长卷（装裱）
## ——《孝》

画芯尺寸：209.79×0.67 米 装裱尺寸：211.5×0.79 米

2017 年 10 月 29 日由靖安县宝峰孝文化协会主办的"第三届中国·靖安·宝峰孝文化庙会"在江西省宜春市靖安县宝峰镇举行，现场 1000 位书法爱好者在长卷上书写"孝"字书法。

NO：03967 2017.10

## 参与人数最多的搓玉米活动

人数：213 人

2017 年 10 月 28 日，由河北恋乡旅游开发有限责任公司主办的"参与人数最多的搓玉米活动"在河北省保定市易县恋乡·太行水镇举行，现场 213 人同时搓玉米。

NO：03966 2017.10

## 最大的历史人物造型面塑
## ——平度面塑"徐万且"

长：1.34 米 宽：1.06 米 高：2.66 米

该面塑以历史人物"徐万且"为原型，由平度市人民政府李园街道办事处以传统面塑工艺为"2017 首届中国养生美食文化节"特制，2017 年 10 月 27 日展于山东省平度市马家沟芹菜产业园。

NO：03965 2017.10

### 最大的独幅双面铜刻作品
### ——《喜报》

尺寸：205×99 厘米

该作品正面刻有程协润语言录："梦想靠奋斗实现"，行书落款 8 字，篆书姓氏印章 1 枚；反面刻喜报图，含荷花、荷花蕾 16 朵，金鱼、小鸟、蜻蜓等图案，隶书、行书落款 35 字，篆书姓氏印章 1 枚。

汤友常（江苏·常州）于 2017 年 6 月 25 日至 9 月 23 日用电动切割刀在"汤友常文化展示中心"雕刻而成。

NO：03964 2017.10

### 最大的独幅双面铜刻作品
### ——《喜气》

尺寸：204×99 厘米

该作品正面刻有郑玉琴语言录："有能力垫定事业"，行书落款 8 字，篆书姓氏印章 1 枚；反面刻喜气图，含荷花蕾、荷花 17 朵，金鱼、小鸟、蜻蜓等图案，隶书、行书落款 36 字，篆书姓氏印章 1 枚。

汤友常（江苏·常州）于 2017 年 6 月 20 日至 9 月 20 日用电动切割刀在"汤友常文化展示中心"雕刻而成。

NO：03963 2017.10

### 最大的独幅双面铜刻作品
### ——《喜运》

尺寸：203×99 厘米

该作品正面刻有马加立语言录："事业就在努力中"，行书落款 8 字，篆书姓氏印章 1 枚；反面刻喜运图，含荷花、荷花蕾 17 朵，金鱼、小鸟、蜻蜓等图案，隶书、行书落款 36 字，篆书姓氏印章 1 枚。

汤友常（江苏·常州）于 2017 年 6 月 15 日至 9 月 15 日用电动切割刀在"汤友常文化展示中心"雕刻而成。

NO：03962 2017.10

### 最大的独幅双面铜刻作品
### ——《喜兴》

尺寸：202×99 厘米

该作品正面刻有郑玉琴语言录："历经风雨成大器"，行书落款 8 字，篆书姓氏印章 1 枚；反面刻喜兴图，含荷花、

荷花蕾 17 朵，金鱼、小鸟、蜻蜓等图案，隶书、行书落款 36 字，篆书姓氏印章 1 枚。

汤友常（江苏·常州）于 2017 年 6 月 10 日至 9 月 10 日用电动切割刀在"汤友常文化展示中心"雕刻而成。

NO：03961 2017.10

### 最大的独幅双面铜刻作品
### ——《喜幸》

尺寸：201×99 厘米

该作品正面刻有马加立语言录："有奋斗才有希望"，行书落款 8 字，篆书姓氏印章 1 枚；反面刻喜幸图，含荷花、荷花蕾 16 朵，金鱼、小鸟、蜻蜓等图案，隶书、行书落款 36 字，篆书姓氏印章 1 枚。

汤友常（江苏·常州）于 2017 年 6 月 5 日至 9 月 5 日用电动切割刀在"汤友常文化展示中心"雕刻而成。

NO：03960 2017.10

### 最大的独幅双面铜刻作品
### ——《喜庆》

尺寸：200×99 厘米

该作品正面刻有薛银华、汤留凤语言录："勤奋天智成大器"，行书落款 11 字，篆书姓氏印章 1 枚；反面刻喜庆图，含荷花、荷花蕾 16 朵，金鱼、小鸟、蜻蜓等图案，隶书、行书落款 36 字，篆书姓氏印章 1 枚。

汤友常（江苏·常州）于 2017 年 6 月 1 日至 9 月 1 日用电动切割刀在"汤友常文化展示中心"雕刻而成。

NO：03959 2017.10

### 最多对亲子参与的公仔彩绘活动

数量：520 对

2017 年 10 月 15 日由四川德莱美装饰工程有限公司主办、自贡市自流井区檀木林小学协办的"德莱美创意之星·千人公仔彩绘设计"活动在自贡华商国际城举行，现场 520 对亲子在 520 个熊猫造型公仔上进行涂鸦彩绘。

NO：03958 2017.10

### 绘有景点数量最多的工笔重彩画长卷
### ——《中华锦绣全图》

数量：56 个

该长卷由吕吉人（上海）于 2000 年 3 月至 2003 年 11 月以工笔重彩画技法创作完成，画中绘有 56 个著名景点，长 34 米、宽 2 米，并依次展于上海档案馆外滩新馆、第 28

届世界遗产大会、中国美术馆、上海图书馆展厅及上海中华艺术宫。

NO：03957  2017.10

## 最大的正负模根口水母化石

长：29 厘米  宽：27 厘米

该化石发掘于德国索伦霍芬，长 29 厘米、宽 27 厘米，根口水母纹理呈现清晰。

朱春林（江苏·镇江）于 2017 年 10 月收藏。

NO：03956  2017.10

## 最大的鸡血玉章料

尺寸：1.22×0.82×3.02 米

该鸡血玉章料产自桂林，由鸡血玉原石经切割、打磨加工而成，重 12 吨。

陈伟群（北京）于 2017 年 10 月收藏。

NO：03955  2017.10

## 展示红旗数量最多的景区
## ——沂蒙山龟蒙景区

数量：18036 面

2017 年 10 月 1 日至 10 月 3 日，山东沂蒙山旅游发展有限公司为庆祝 2017 年国庆节在山东省临沂市沂蒙山龟蒙景区内举行"红色耀蒙山·感动中国节"活动，在景区内展示红旗 18036 面。

NO：03953  2017.10

## 最大的鸮头贝化石群

尺寸：3.88×2.16×0.28 米

该鸮头贝化石群产自广西恭城，重 8 吨，表面含有 1000余只鸮头贝化石。

祁荣驹（广东·东莞）于 2017 年 9 月收藏。

NO：03952  2017.10

## 最长的亲子填色绘画长卷（拼接）
## ——"武进万达广场 3 周年店庆活动"

长：1274.9 米

2017 年 10 月 1 日由常州武进万达广场商业物业管理有限公司主办的"武进万达广场 3 周年店庆活动"在常州武进万达广场举行，现场展示由 1500 对亲子完成的长 1274.9 米的填色绘画长卷。

NO：03951  2017.10

## 最多杯奶盖茶组成的图案
## ——"新西兰安佳奶盖茶活动挑战大世界基尼斯纪录"

数量：500 杯

2017 年 10 月 1 日由恒天然商贸（上海）有限公司主办的"新西兰安佳奶盖茶活动挑战大世界基尼斯纪录"活动在上海市徐汇区龙腾大道西岸营地"2017 西岸食尚节"举行，现场 500 位游客用 500 杯奶盖茶拼成云朵图案。

NO：03950  2017.10

## 游历最多国家（地区）和南、北极的人
## ——柯银河

数量：234 个

柯银河（福建·龙岩）于 2003 年 11 月至 2017 年 9 月搭乘飞机、火车、游轮、巴士等交通工具，游历伊拉克、叙利亚、阿富汗、巴布亚新几内亚、格陵兰、洪都拉斯、哥斯达黎加、皮特凯恩群岛、托克劳群岛等 232 个国家（地区）及南、北极。

NO：03945  2017.09

## 规模最大的敬花杆仪式
## ——"苗族踩山节万人敬花杆"

人数：11000 人

2017 年 9 月 29 日由遵义市播州区洪关苗族乡人民政府主办的"苗族踩山节万人敬花杆"活动在遵义市播州区洪关苗族乡太阳坪举行，现场 11000 人参与敬花杆仪式。

NO：03944  2017.09

## 最大的和田玉屏风（拼接）
## ——"九龙玉璧龙行天下辟邪长盛图"

尺寸：7.9×2.36 米

该和田玉屏风采用老坑和田碧玉为毛料，以花梨木为底托制作而成，重 3.2 吨。

李正白（安徽·六安）于 2016 年 9 月收藏。

NO：03943  2017.09

## 规模最大的拜月活动（统一服饰）

人数：1320 人

2017 年 9 月 28 日由江西省宜春市第十一届月亮文化旅游节组委会主办，明月山温泉风景名胜区管委会承办，宜春市侨联、温汤 1 号协办的"2017 宜春·明月山第十一届月亮文化旅游节"系列活动之"明月山全球华人'中秋拜月'创大世界基尼斯纪录"在明月山温泉风景区温汤镇游客中心举

行，现场 1320 位游客穿着统一服饰拜月。

NO：03942 2017.09

## 中国规模最大的空竹操展演活动

人数：1050 人

2017 年 9 月 23 日由绍兴传媒文化创意产业园有限公司、树人导报主办，绍兴市空竹运动协会承办，浙江省空竹运动培训基地协办的"中国规模最大的校园空竹操展演活动"在绍兴市元培中学分校举行，来自越城区快阁苑小学、绍兴市元培中学、上虞区鹤琴小学、安吉县阳光学校的 1050 位学生共同参与校园空竹操展演活动。

NO：03941 2017.09

## 平均树龄最长的核桃林
### ——西藏自治区林芝市朗县古核桃林

平均树龄：565 年

该核桃林位于西藏自治区林芝市朗县，集中分布于巴热村与冲康村，总株数 1248 株，总占地面积 5.11 平方公里，平均树龄 565 年，其中最大树龄为 2100 年。

西藏自治区林芝市朗县旅游发展委员会管理。

NO：03939 2017.09

## 最多家庭参与的剁椒活动

家庭数量：112 个

2017 年 9 月 20 日，由湖南衡东县第四届土菜文化旅游节活动组织委员会主办的"最多家庭参与的剁椒活动"在湖南省衡东县河西新区举行，现场 112 个家庭共计 336 人参与剁三樟黄贡椒。

NO：03938 2017.09

## 最大的柳木根雕作品
### ——《桃花源》

最长处：15.88 米
最宽处：6.3 米
最高处：3 米

该作品取材柳木，以《桃花源记》为题材，运用圆雕、镂空雕等技法雕刻，基座为南美黄檀汉鼎造型。

2016 年 12 月雕刻完成，常德市文化旅游投资开发集团有限公司收藏，现展于桃源工艺术博物馆。

NO：03937 2017.09

## 最多家庭参与的搓莜面活动

家庭数量：118 个

2017 年 9 月 15 日由内蒙古乌兰察布市委、乌兰察布市政府主办的"第六届中俄蒙美食节暨首届中国乌兰察布美食文化节"系列活动之"品绿色美食·享避暑天堂"在内蒙古自治区乌兰察布市集宁区集宁路休闲生态广场举行，现场 118 个家庭共同搓莜面。

NO：03936 2017.09

## 最大的碧根果种植基地（单体连片）
### ——"安徽佳烨农业有限公司碧根果种植基地"

种植面积：5921 亩

该碧根果种植基地位于安徽省合肥市肥西县官亭镇境内，单体连片面积 5921 亩，种植数量 15 万余株，栽有威斯顿、波尼、马罕、绍兴、金华等碧根果品种。

安徽佳烨农业有限公司管理。

NO：03935 2017.09

## 最大的滩羊造型雕塑

长：12 米　宽：6 米
高：11.5 米

该滩羊造型雕塑位于宁夏回族自治区盐池县东门湿地公园内，长 12 米、宽 6 米、高 11.5 米，2010 年 3 月至 2010 年 7 月采用钢筋网架结构、玻璃钢塑造而成。

宁夏回族自治区盐池县农牧局于 2017 年 9 月申报。

NO：03934 2017.09

## 最高的滇山茶
### ——云南省永平县宝台山滇山茶

高：28.1 米

该滇山茶位于云南省永平县宝台山国家森林公园内（东经 99°31′57.9″，北纬 25°11′39.2″，海拔 2365 米），高 28.1 米，米径 44.3 厘米。

NO：03933 2017.09

## 收藏邓小平图片数量之最

数量：2166 幅

潘祖祥（浙江·台州）于 1987 年 9 月至 2017 年 9 月收藏邓小平图片，其中含邓小平 1959 年 3 月出席中日两国共产党联合声明签字仪式、1984 年 1 月视察深圳特区、1984 年 2 月视察厦门经济特区、1987 年 4 月北京人民大会堂会见葡萄牙总理等图片共 2166 幅。

NO：03932  2017.09

## 最大的奶茶壶
### ——"吉祥奶茶壶"

高：6.6 米  宽：8.16 米  厚：4.71 米

该奶茶壶选用黄铜、紫铜为材以中国传统手工锻打工艺制作，壶体装饰有蒙古族吉祥图案。

2017 年 8 月 1 日至 9 月 10 日制作完成，乌兰察布市投资开发有限公司收藏管理。

NO：03931  2017.09

## 参与人数最多的羊肉菜肴烹制活动

人数：105 人

2017 年 9 月 11 日由内蒙古自治区四子王旗人民政府主办，四子王旗食药监局承办的"第六届中俄蒙美食文化节暨首届中国乌兰察布美食文化节四子王旗百名大师烹羊制作大赛"在内蒙古自治区四子王旗浩翔大酒店举行，现场 105 位厨师制作 110 道不重样的羊肉菜肴。

NO：03930  2017.09

## 规模最大的国学经典背诵活动
### ——"万人背诵千字文"

人数：10066 人

2017 年 9 月 16 日由乾安县"千字文"文化研究会主办的"万人背诵千字文"活动在吉林省乾安县全民健身活动中心体育场举行，现场 10066 名市民集体背诵国学经典《千字文》。

NO：03929  2017.09

## 最大的丰镇月饼

直径：1.2 米  厚度：0.12 米  重量：100 千克

该月饼由丰镇市马大哈食品有限责任公司于 2017 年 8 月 28 日以小麦粉、胡麻油、绵白糖、馅料、水为原料在"首届丰镇市月饼美食文化节"上制作完成，现展于丰镇市月饼博物馆。

NO：03928  2017.09

## 最大的吹塑纸装饰彩灯作品
### ——《鹦鹉之王》

体积：19.569 立方米

该彩灯以"鹦鹉"为题材，采用钢骨架结构、立体丝架

造型、内光源照明等彩灯传统工艺制作，表面装饰有 20000余张吹塑纸。

北京南宫世界地热博览园有限公司于 2017 年 8 月制作完成，现展于北京市丰台区王佐镇南宫村。

NO：03927  2017.09

## 面积最大的紫铜浮雕墙（室内）
### ——"中医药文化墙·国医之光"

高：48 米  宽：6.72 米

该紫铜浮雕墙位于河北省中医院新建综合病房楼内，以弘扬中医药文化为题，按历史时间顺序展示中医药内外妇儿、针灸骨伤、温病养生等学科的中医药发展史。

北京艺博天下艺术工程有限公司于 2012 年 1 月 22 日设计制作完成。

NO：03926  2017.09

## 最长的铁线篆书法长卷
### ——《金刚经》

长：41.82 米

宽：0.33 米

田佑（天津）于 2016 年 12 月至 2017 年 1 月用毛笔以铁线篆书写《金刚经》，共 5180 字（单字尺寸 3.4 × 2.4 厘米），并装裱成卷。

NO：03925  2017.09

## 参与人数最多的土豆菜肴烹制活动

人数：140 人

2017 年 8 月 30 日由商都县人民政府主办，商都县餐饮住宿行业协会承办，商都县食品药品监督管理局监管的"首届中国商都马铃薯美食节"在内蒙古自治区商都县西苑汉宫大酒店举行，现场 140 位厨师制作 150 道不重样的土豆菜肴。

NO：03924  2017.09

## 个人创作同一主题石艺画数量之最
### ——"红楼梦系列"

数量：168 幅

盛爱萍（甘肃·嘉峪关）于 2012 年至 2016 年以天然风砾石为原料，运用中国传统镶嵌粘贴手工技艺完成"红楼梦系列"石艺画共 168 幅（每幅长 90 厘米、宽 60 厘米）。

NO：03923  2017.08

## 最大的肉石（天然皮壳）

长：106 厘米 宽：50 厘米 高：40 厘米

该肉石产自河南栾川，天然皮壳纹理清晰，"肥瘦"层次分明。

盛爱萍（甘肃·嘉峪关）于 2017 年 8 月收藏。

NO：03922 2017.08

## 最长的蒙古文书法册页（累计）
## ——《固始汗》

长：1330 米

永阿（青海·海西蒙古族藏族自治州）于 2014 年 9 月至 2016 年 10 月以毛笔书写巴义著作《固始汗》（蒙古文），共计 28 册，每册 108 页，展开累计总长 1330 米，字数约 15 万。

NO：03921 2017.08

## 面积最大的原生态水上芦苇迷宫

面积：80 万平方米

该芦苇迷宫位于江苏省高邮湖芦苇荡湿地公园内，属原生态湖泊湿地，总面积 80 万平方米。

2017 年 7 月对外开放，扬州市神奇高邮湖旅游投资开发有限公司管理。

NO：03920 2017.08

## 规模最大的米饭烹饪活动
## ——"五常大米百锅宴"

烹饪锅数：100 锅

2017 年 8 月 28 日，由五常市讯泽电子商务有限责任公司主办的"五常大米百锅宴"活动在黑龙江省五常市五常镇葵花大街电商物流园举行，现场 100 家合作社用 100 口铸铁铁锅同时烹饪五常大米供游客免费品尝。

NO：03919 2017.08

## 规模最大的老年公益集体婚礼
## ——"包头东河区政府携手幸福九号"慈善集体婚礼

人数：500 对

2017 年 8 月 28 由中国社会福利基金会主办，包头东河区人民政府协办，幸福九号养老投资集团、上海时间银行承办的"幸福中国行"孝亲敬老重温婚礼仪式在内蒙古自治区包头市东河区政府广场举行，现场 500 对老年夫妻（平均年龄 65 岁）身着婚纱礼服参加公益集体婚礼。

NO：03918 2017.08

## 规定时间内撰写嵌名联数量之最

时间：10 分钟 数量：17 副

曾文哲（江西·鹰潭）于 2017 年 8 月 18 日在上海市淮海中路 1 号柳林大厦现场撰写嵌名联 17 副，用时 10 分钟。

NO：03917 2017.08

## 最大的鄂尔多斯蒙古族妇女头饰造型

高：10.3 米

该鄂尔多斯蒙古族妇女头饰造型选用仿银不锈钢大珠800 粒，人造大珍珠 2200 粒，仿银不锈钢小珠 5.4 万粒，树脂珊瑚 13 万余粒，五彩琉璃珠 700 万余粒，纯银装饰 18544克，总高 10.3 米，周长 6.38 米。

巴图其其格（内蒙古·鄂尔多斯）于 2014 年 1 月至2017 年 6 月制作完成。

NO：03916 2017.08

## 最大的乒乓球广场

占地面积：10368 平方米

该乒乓球广场位于北京市密云区飞鸿世纪园，园内安装乒乓球台 120 张，总占地面积 10368 平方米，供市民免费使用。

2007 年 6 月至 2015 年 6 月建造完成。

NO：03915 2017.08

## 参与人数最多的固体饮料品尝活动（同一时间）
## ——"菩萨心肠益生菌健康饮千人摇一摇"

人数：800 人

2017 年 8 月 20 日由深圳市菩萨心肠生物科技有限公司主办的"菩萨心肠益生菌健康饮千人摇一摇"活动在深圳市福田区大中华喜来登酒店举行，现场 800 位市民同饮"菩萨心肠益生菌固体饮料"。

NO：03914 2017.08

## 最大的酒器造型景观门
## ——四川宜府春酒厂酒樽艺术大门

长：115 米 宽：4.5 米
最高处：13.05 米

该景观门系四川宜府春酒厂正门，以汉代酒樽为原型，采用钢筋混凝土建造而成。

2015 年 5 月竣工，由四川宜府春酒厂有限责任公司管理。

NO：03913 2017.08

## 最大的空中文化广场
### ——城市之光广场

面积：28296.49 平方米

　　该广场位于贵州省遵义市昆明路，连接金创大厦、浙商大厦等周边五大商圈挑高 10 米构建而成，是集购物、餐饮、休憩、娱乐等功能于一体的大型商业公共活动空间。广场内设置景观小品、植物花卉、演艺舞台、娱乐设施、景观灯柱、音乐喷泉、大型 LED 屏等设施，总面积 28296.49 平方米。

　　2017 年 5 月竣工，由遵义浙商投资集团有限公司投资开发、管理。

NO：03912　2017.08

## 举办国际婚庆节届数最多的景区（累计）
### ——海南三亚天涯海角

届数：20 届

　　海南省三亚市天涯海角旅游发展有限公司自 1996 年至 2016 年累计举办 20 届"天涯海角国际婚庆节"，婚庆节接受国内、外新婚夫妇及金、银婚夫妇参加，是集婚庆蜜月与旅游度假于一体的节庆活动。

NO：03911　2017.08

## 手工切制中药饮片（白芍）数量之最

数量：362 片　白芍长度：3.3 厘米

　　2017 年 7 月 23 日袁小平（江西才樟树）以传统中药炮制技术，在 3 分钟内将长 3.3 厘米的白芍用铡刀切成 362 片完整饮片。

NO：03910　2017.08

## 构件最多的陶塑作品
### ——"一带一路"大型陶塑

数量：3593 件

　　该作品为邢良坤（辽宁·大连）纪念中国首次成功举办"一带一路"峰会创作，高 2 米、宽 0.8 米，为棒槌形，共计构件 3593 件，其中包括转球 327 件、泥球 814 件、孔洞 2268 件、吊球组 27 件、吊环 21 件、吊球孔洞 136 件。

　　2017 年 6 月于大连邢良坤陶艺研究所制作完成。

NO：03909　2017.08

## 最高的条状连接立体造型工艺陶塑组合作品

高：4.95 米

　　该作品采用条状连接制陶法制作，分五层组合，顶层与底层为圆球形，中间三层为圆柱形，底层内部含有组合吊球群吊挂，拖链总长 30 米。

　　2016 年 11 月邢良坤（辽宁·大连）于大连邢良坤陶艺研究所制作完成。

NO：03908　2017.08

## 最宽的金丝楠瘿木独板

宽：1.83 米

　　该金丝楠瘿木独板产于云、贵、川三省交界地区，长 2.47 米、宽 1.83 米。

　　史月阳（安徽·宣城）2017 年 8 月收藏。

NO：03907　2017.08

## 最大的铜鼎（整体铸造）
### ——"善缘宝鼎"

高：7.172 米

直径：5.815 米　重：90 吨

　　该铜鼎由鼎耳、鼎足和鼎身三部分组成，鼎身雕有佛教四大名山、西来古寺等图案及"西来古寺""善缘宝鼎"等文字。

　　2014 年 7 月至 2016 年 3 月由武汉重工铸锻有限责任公司采用整体铸造技术一次性浇筑而成，现置于广西柳州西来寺。

NO：03905　2017.07

## 最高的九斗柜造型雕塑

高：23.8 米

　　该九斗柜造型雕塑采用钢架结构、强化水泥及玻璃钢建造而成，长 12.8 米，宽 6 米，高 23.8 米，现展于上海市金山区山阳镇亭卫公路 1909 号。

　　2017 年 5 月 1 日竣工，由上海老周红木家具有限公司管理。

NO：03902　2017.07

## 最重的和田玉印章
### ——"建军大业玉玺"

重：45 千克　尺寸：28×28×28 厘米

　　该印章采用和田青玉雕刻而成，呈深绿色。印面篆刻"建军大业"与"1927—2017"字样，印基四面刻有"建国大业"中英文字样、"中国人民解放军先进装备"等图案。

　　王希伟（北京）设计，于 2017 年 2 月 20 日由中国工美集团监制发行。

NO：03901　2017.07

## 最大的罾

面积：14901 平方米

该罾为方形捕鱼工具，位于江苏省盐城市亭湖区黄尖镇新洋港，其四角固定于港口两岸，通过电机拉、放钢索，使其上下浮沉完成捕鱼。

2012 年 5 月建造完成，由盐城东城一罾生态园有限公司管理。

NO：03900  2017.07

## 参展作品最多的梵文书法巡展（个人）
### ——"金刚法王梵文书法作品世界巡展"

数量：366 件

金刚法王·满自喜日布扎赤仁波切（格西科才·慈智木）书写的 366 件梵文书法作品分别参展于 2017 年 6 月至 7 月在北京、南京举行的"金刚法王梵文书法作品世界巡展"。

NO：03899  2017.07

## 排笔书写梵文书法作品数量之最（个人）
### ——"金刚法王梵文书法作品"

数量：366 件

金刚法王·满自喜日布扎赤仁波切（格西科才·慈智木）于 2017 年 6 月 16 日至 7 月 17 日以排笔书写梵文书法作品 366 件。

NO：03898  2017.07

## 一年内授课课时最多的教授

数量：344 课时

李好学（上海）教授于 2016 年 2 月至 2017 年 1 月在上海民航职业技术学院授课，一年内累计完成授课 344 课时。

NO：03897  2017.07

## 个人发表民歌作品数量之最

数量：10320 首

王金千，笔名：王海（上海），于 1959 年 1 月至 2017 年 6 月创作民歌，分别在出版书籍上发表 6151 首，报刊上发表 4169 首，累计发表民歌 10320 首。

NO：03896  2017.07

## 最大的草坪图案

占地面积：42424.01 平方米

2017 年 7 月 16 日由新疆维吾尔自治区伊犁哈萨克自治州人民政府主办的"2017 年中国新疆伊犁天马国际旅游节"在昭苏县天马旅游文化园举行，现场展示的草坪图案为旅游节标志与宣传口号，长 277.1 米，宽 153.1 米。

NO：03895  2017.07

## 最大的手绘 3D 地画舞台

占地面积：2064.6 平方米

2017 年 7 月 16 日由新疆维吾尔自治区伊犁哈萨克自治州人民政府主办的"2017 年中国新疆伊犁天马国际旅游节"开幕式在昭苏县天马旅游文化园手绘 3D 地画舞台举行，该舞台长 74 米、宽 27.9 米。

NO：03894  2017.07

## 最大的风车拼图
### ——"韶关云门山旅游度假区风车拼图"

面积：8541.3 平方米

2017 年 6 月 12 日至 8 月 15 日由乳源县云门山旅游景区开发有限公司主办的"第二届国际风车艺术节"在广东省韶关云门山旅游度假区内举行，6 月 12 日至 6 月 30 日，游客与工作人员用 20 余万只风车拼成"云门山玻璃桥"图案。

NO：03893  2017.07

## 最长的苏绣山水长卷
### ——《锦绣苏州》

长：36.2 米
宽：0.6 米

该作品由戚春兰等十八位艺术家于 2015 年 1 月 1 日至 2017 年 5 月 6 日以《锦绣苏州》中国画长卷为蓝本一比一绣制而成，展现了苏州传统经典名胜及当代地标建筑。

由苏州老万年文化发展有限公司收藏，并展示于苏州市西园路金创商务大厦 8 楼。

NO：03891  2017.07

## 最大的蒸笼

直径 9.9 米
高：5.8 米

该蒸笼内部为不锈钢结构，外部以竹片装饰，由湖北梦里水乡旅游发展有限公司为传承"沔阳三蒸"饮食文化制作而成，2017 年 7 月 2 日展示于仙桃梦里水乡旅游景区内，并现场蒸制菜肴供游客免费品尝。

NO：03890  2017.07

## 个人发稿媒体家数之最

数量：201 家

　　杨国生（上海）于 1985 年 8 月至 2017 年 6 月在国家新闻出版广播电视总局颁发统一刊号的报纸、杂志、电台、电视台刊登新闻、论文、文学作品等。其中报纸 164 家，杂志 29 家，电台 7 家，电视台 1 家，共计 201 家。

NO：03889　2017.06

## 参与太极拳比赛年龄最大的人

年龄：101 岁 10 个月

　　陆秀榕（广东·广州）1915 年 8 月 24 日出生，于 2017 年 6 月 11 日参加由广州市武术协会举办的 2017 年 "梦真'武'牌杯" 广府武术文化节公开赛乐龄组集体项目太极拳比赛，并荣获集体项目特等奖。

NO：03888　2017.06

## 最大的木制蒸笼

直径：6.66 米　高：2 米

　　该蒸笼由中共贞丰县委、贞丰县人民政府为 "首届国际山地美食节暨贞丰粽子文化旅游节" 特制，为全木质结构，2017 年 6 月 29 日展示于贵州省黔西南州贞丰县贞丰古城。

NO：03887　2017.06

## 最大的独幅不锈钢雕刻作品
## ——《六字大明咒》

尺寸：570×150 厘米

　　该作品刻有 "嗡嘛呢叭咪吽" 等 111 字（其中篆书 6 字，隶书 93 字，行书 12 字），篆书姓氏印章 1 枚。

　　潘燕萍策划，汤友常（江苏·常州）于 2017 年 5 月 1 日至 6 月 12 日在江苏省常州市新北区孟河镇汤友常文化展示中心用切割刀独立雕刻完成。

NO：03886　2017.06

## 规模最大的牛肉粉品尝活动
## ——"首届国际山地美食节暨兴仁牛肉粉节"

人数：6000 人

　　2017 年 6 月 29 日由中国饭店协会主办，贵州省黔菜文化研究会、黔西南州饭店餐饮协会、兴仁县牛肉粉产业集团承办的 "首届国际山地美食节暨兴仁牛肉粉节" 在贵州省黔西南州兴仁县体育场举行，活动现场来自全国 6000 位游客

共同品尝兴仁牛肉粉。

NO：03885　2017.06

## 参与民族最多的牛肉粉品尝活动
## ——"首届国际山地美食节暨兴仁牛肉粉节"

数量：41 个

　　2017 年 6 月 29 日由中国饭店协会主办，贵州省黔菜文化研究会、黔西南州饭店餐饮协会、兴仁县牛肉粉产业集团承办的 "首届国际山地美食节暨兴仁牛肉粉节" 在贵州省黔西南州兴仁县体育场举行，活动现场来自全国 41 个民族代表与游客共同品尝兴仁牛肉粉。

NO：03884　2017.06

## 最大的景观水车

直径：26.080 米

　　该水车位于贵州省黔东南苗族侗族自治州丹寨县东湖水库，为木质结构，直径 26.080 米。

　　由丹寨县金建投资发展有限责任公司承建，于 2017 年 6 月竣工。

NO：03883　2017.06

## 最大的独幅不锈钢雕刻作品
## ——《心经之咒》

尺寸：560×150 厘米

　　该作品阴刻 "揭谛揭谛波罗揭谛波罗僧揭谛菩提萨婆诃" 等 120 字（其中篆书 18 字、隶书 90 字、行书 12 字），阳刻篆书姓氏印章 1 枚。

　　潘燕萍策划，汤友常（江苏·常州）2017 年 4 月 25 日至 6 月 1 日在江苏省常州市新北区孟河镇 "汤友常文化展示中心" 用切割刀独立雕刻而成。

NO：03882　2017.06

## 最大的石敢当铜像
## ——"平安泰山·敢当精神"

重：70 吨

　　该铜像坐落于山东省泰安市宁阳县，采用锻铜工艺打造，由三面不同造型的石敢当人物组成，底座由泰山石垒砌而成，高 21 米，宽 9.6 米。

　　2016 年 9 月 27 日建造完成，由山东泰山新世纪环境艺术有限公司管理。

NO：03880　2017.06

## 最长的钟馗临摹长卷

长：116 米　宽：0.62 米

该长卷由张惠（吉林·长春）于 2013 年 9 月 9 日至 2017 年 4 月 8 日临摹 214 个历代钟馗画像并装裱而成。

2017 年 5 月 20 日展示于长春职业技术学院图书馆大厅。

NO：03879　2017.06

## 游历最多国家（地区）和南、北极的人
## ——柯银河

数量：233 个

柯银河（福建·龙岩）于 2003 年 11 月至 2017 年 3 月搭乘飞机、火车、游轮、巴士等交通工具，游历伊拉克、叙利亚、阿富汗、巴布亚新几内亚、格陵兰、洪都拉斯、哥斯达黎加、皮特凯恩群岛等 231 个国家（地区）及南、北极。

NO：03877　2017.06

## 参与人数最多的同诵、同浴温泉活动
## ——"千名佳丽同浴凤泉汤共咏太白山"

人数：1282 人

2017 年 6 月 18 日由陕西省旅游发展委员会、宝鸡市人民政府主办，陕西省温泉旅游协会、宝鸡市文物旅游局、眉县人民政府承办，太白山旅游区管委会执行承办的"2017 陕西国际温泉旅游文化节"在陕西省宝鸡市眉县太白山旅游区温泉体验区举行，现场 1282 人参与"同浴凤泉汤共咏太白山"活动。

NO：03876　2017.06

## 最大的单体石刻书法作品
## ——《佛》

高：8.9 米　长：4.68 米　宽：1.9 米

该石刻书法作品以黄蜡石（黄卓钧先生捐赠）为材，书法家李长春（吉林·通化）先生题写的行楷书法"佛"字为题（字高 7.9 米、宽 4.28 米），于 2010 年 3 月至 2017 年 4 月镌刻完成，现矗立于深圳仙湖植物园的罗汉松园。

NO：03875　2017.06

## 个人编辑字数最多的工具书
## ——《管道工程设计施工及维修实用技术大全》

字数：11670 千字

该工具书由柳金海（河南·洛阳）于 1995 年 2 月至 1999 年 1 月编辑，系消防系统、长输管道、工业管道等内容为一体的工程综合性技术大全，共十册，累计 7304 页。

1999 年 8 月由中国建材工业出版社出版，新华书店北京发行所发行。

NO：03874　2017.06

## 规定时间内完成最长的书法（图腾）作品
## ——《中国梦·中国龙》

时间：23 分钟　长度：100 米

邹小舟（辽宁·大连）于 2017 年 5 月 29 日创作长 100 米的龙图腾书法作品，用时 23 分钟，包含 28 个龙图腾，现收藏于吉林公安学院。

NO：03872　2017.06

## 易拉罐拼成的最大汉字
## ——《万科西华府》

面积：420 平方米

2017 年 6 月 3 日由沈阳万科西城房地产开发有限公司主办的"德风尚汇·乐享西华"活动在辽宁省沈阳市经济技术开发区万科西华府广场举行，现场使用 30000 余个易拉罐拼成"万科西华府"字样（长 30 米，宽 14 米）。

NO：03871　2017.06

## 规模最大的儿童舞蹈教学活动（异地）
## ——"万达宝贝王"

人数：91825 人

2017 年 6 月 1 日由万达儿童娱乐有限公司举办的"万达宝贝王"海底小纵队儿童舞蹈教学活动在全国 123 家万达广场同时举行，共计 91825 名儿童参与瓦力舞教学活动。

NO：03870　2017.06

## 包粽子数量最多的公益活动（累计）
## ——"粽爱·种爱·众爱"

数量：12 万只

2017 年 5 月 30 日由深圳嘉德文化传播有限公司主办，珠海创业互助会承办的"'粽'志成城，大爱无疆"活动在珠海百货中庭外场举行，5 月 29 日至 30 日累计包粽子 12 万只，并向珠海数家企业、敬老院、孤儿院免费派发。

NO：03869　2017.05

## 最大锅小龙虾

重：2996.8 斤

2017 年 5 月 29 日由江西上高县丰和置业有限公司主办，

江西尚风文化传媒有限公司、江西上高县皇元大酒店有限公司承办的"江西上高新天地龙虾中国之最挑战之夜"活动在江西上高新天地营销中心外广场举行，现场由厨师将2996.8斤小龙虾放入直径3.96米的锅内烹制并供观众品尝。

NO：03867　2017.05

## 最大的地下白酒窖藏陈酿库（吨坛）——"中华第一窖"

总占地面积：10106.25平方米

该酒库位于天津市宁河区芦台镇芦汉路40号，系芦台春酿造公司恒温恒湿纯粮固态发酵原酒吨坛窖藏库。总占地面积10106.25平方米，总容积50026立方米。

2015年11月竣工，由天津芦台春酿造有限公司管理。

NO：03865　2017.05

## 长杆顶空竹高度之最

高：18.76米

宋立富（山东·淄博）于2017年4月15日在山东省淄博市体育中心使用18.76米长杆顶起旋转状态空竹持续30秒，并成功抛接。

NO：03864　2017.05

## 最多不重样的凉皮展示活动

数量：30种

2017年5月18日至22日，由新疆维吾尔自治区商务厅、乌鲁木齐市人民政府主办的"第七届乌鲁木齐国际食品餐饮博览会"在新疆国际会展中心举行，活动现场乌鲁木齐头屯河区绿洲街蔡师傅凉皮店以蔬菜、杂粮、水果等为原料制作30种特色凉皮，供游客免费品尝。

NO：03863　2017.05

## 规模最大的冰激凌品尝活动——"麦洛淇冰激凌"

品尝人数：11200人

2017年5月18日至22日，由新疆维吾尔自治区商务厅、乌鲁木齐市人民政府主办的"第七届乌鲁木齐国际食品餐饮博览会"在新疆国际会展中心举行，活动现场北京麦洛淇餐饮管理服务有限责任公司以奶制品、细砂糖等为原料制作11200份麦洛淇冰激凌供游客免费品尝。

NO：03862　2017.05

## 规模最大的煎饼品尝活动

品尝人数：11300人

2017年5月18日至22日，由新疆维吾尔自治区商务厅、乌鲁木齐市人民政府主办的"第七届乌鲁木齐国际食品餐饮博览会"在新疆国际会展中心举行，活动现场新疆煎饼先生餐饮管理有限公司以面粉、牛肉干等为原料制作直径2米的煎饼供11300名游客免费品尝。

NO：03861　2017.05

## 规模最大的米饭品尝活动——"域来香大米"

品尝人数：11000人

2017年5月18日至22日，由新疆维吾尔自治区商务厅、乌鲁木齐市人民政府主办的"第七届乌鲁木齐国际食品餐饮博览会"在新疆国际会展中心举行，活动现场新疆域来香生态农业发展有限公司以香米为原料制作11000份米饭供游客免费品尝。

NO：03860　2017.05

## 规模最大的椒麻鸡爪品尝活动

品尝人数：12000人

2017年5月18日至22日，由新疆维吾尔自治区商务厅、乌鲁木齐市人民政府主办的"第七届乌鲁木齐国际食品餐饮博览会"在新疆国际会展中心举行，活动现场尤布真味椒麻鸡连锁以土鸡鸡爪等为原料制作12000份椒麻鸡爪供游客免费品尝。

NO：03859　2017.05

## 最大的鹰嘴豆煎饼

直径：2米

2017年5月18日，崔冬冬（新疆·乌鲁木齐）等13位厨师在第七届乌鲁木齐国际食品餐饮博览会现场选用面粉、鹰嘴豆等原料制作而成。

NO：03858　2017.05

## 最大的热狗

长：1.5米
宽：0.5米

2017年5月17日，李智（新疆·乌鲁木齐）在第七届乌鲁木齐国际食品餐饮博览会现场选用面包、牛肉肠等原料制作而成，2017 年 5 月 18 日展示于新疆国际会展中心。

NO：03857  2017.05

## 最大的蛋挞

直径：1.5 米

2017 年 5 月 17 日，李智（新疆·乌鲁木齐）在第七届乌鲁木齐国际食品餐饮博览会现场选用特制蛋挞烘焙原料一次性烤制而成，2017 年 5 月 18 日展示于新疆国际会展中心。

NO：03856  2017.05

## 最长的盘子（鱼型）

长：3.6 米

该盘子由龚楠浩荣（新疆·乌鲁木齐）于 2017 年 3 月 12 日至 5 月 10 日选用不锈钢铸铜纯手工制作长 3.6 米的鱼形盘子，2017 年 5 月 18 日展示于新疆国际会展中心。

NO：03855  2017.05

## 最大的不锈钢盘

直径：3 米

该不锈钢盘由周雪龙（新疆·乌鲁木齐）于 2017 年 4 月 5 日至 5 月 16 日选用不锈钢纯手工制作而成，2017 年 5 月 18 日展示于新疆国际会展中心。

NO：03854  2017.05

## 在中国最多城市举办的青少儿游泳培训公益活动
## ——"绿城集团海豚计划"

数量：65 个

绿城房地产集团有限公司于 2009 年 7 月至 2016 年 8 月在北京、上海、杭州、青岛、济南等全国 65 个城市（130 个社区）连续举办"海豚计划"公益活动，为 8 万余名 3 至 18 周岁的青少儿免费提供游泳培训。

NO：03852  2017.05

## 最大的紫萤石晶洞

长：220 厘米  宽：150 厘米
高：140 厘米

该紫萤石晶洞产于中国云南省大理巍山，洞内密布紫色萤石晶体，洞深 180 厘米。

段瑞华（湖南·娄底）于 2015 年 4 月收藏。

NO：03848  2017.04

## 头顶钢锥倒立吹奏葫芦丝时间之最

时间：3 分 30 秒

屈健武（湖南·邵阳）2016 年 11 月 30 日在北京市海淀区中关村南大街将头部顶于高 20 厘米、尖端直径 1.5 厘米的钢锥上倒立并吹奏葫芦丝，时长 3 分 30 秒。

NO：03847  2017.04

## 单手掌吸塑料球时间之最

时间：30 秒
球直径：33 厘米

王伯顺（安徽·阜阳）2017 年 3 月 19 日在"安徽颍州第二届非遗文化艺术节"用单手手掌吸住直径 33 厘米的塑料圆球，并保持 30 秒不掉落。

NO：03846  2017.04

## 规模最大的知青团队插旗活动

数量：376 个

2017 年 3 月 21 日至 4 月 26 日，由星美国际旅行社（北京）有限公司上海分公司主办的"《雁楠飞》尽享暖阳与星辉"第一届华夏知青文化旅游节活动在雁荡山举行，活动期间 376 个来自全国各地的知青团队齐聚雁荡山插旗。

NO：03845  2017.04

## 规模最大的野钓竞赛活动
## ——"泰隆杯"2017 年中国黄桥双人大鱼赛

人数：1000 人

2017 年 4 月 22 日至 23 日，由中国钓鱼运动协会、泰兴市人民政府、泰州市体育局、泰兴市黄桥镇人民政府、泰兴市体育局主办，泰兴市黄桥镇祁巷村村民委员会、江苏金辰农业科技有限公司、江苏泰隆减速机股份有限公司承办的"泰隆杯"2017 年中国黄桥双人大鱼赛在江苏省泰兴市黄桥镇祁巷村举行，现场 500 个参赛队（1000 人）参与野钓竞赛活动。

NO：03843  2017.04

## 最大的玫瑰花型花海

面积：20528 平方米

该花海位于国家 4A 级旅游景区湖南省森林植物园北门名花广场，呈玫瑰花造型，花海内种植 60 余万株郁金香及其他时令花卉，总面积 20528 平方米。

NO：03839  2017.04

## 中国规模最大的山西小把拉面制作活动
### ——"古韵泽州，生态南岭"首届南岭梨花旅游文化节

人数：300 人

2017 年 4 月 14 日由中共泽州县委、泽州县人民政府主办，中共泽州县委宣传部承办，泽州县旅游发展委员会、泽州县文化局、泽州县旅游开发服务中心、中共南岭乡党委、南岭乡人民政府、泽州县摄影家协会、山西葛万农牧科技有限公司协办的第六届泽州乡村摄影展暨首届南岭梨花文化旅游节之"中国规模最大的山西小把拉面制作活动"在南岭乡葛万村举行，现场 300 位妇女统一着装同时和面、醒面、拉面。

NO：03835 2017.04

## 单次充电（48.3kW·h）续航里程最长的纯电动 SUV
### ——"荣威 ERX5"

里程：549 千米

该荣威 ERX5 纯电动 SUV 由上海汽车集团股份有限公司乘用车分公司自主研发，其动力电池能量为 48.3 kW·h。2017 年 3 月 24 日，荣威 ERX5 纯电动 SUV（车牌号：沪L8931 试，车辆识别代号：LSJA24097HS992527）充至满电，由一名车辆驾驶员从云南省师宗县 G324 国道旁出发，沿 G324 国道—G78 汕昆高速—G80 广昆高速南宁方向行驶至电量耗尽为止，最终该车辆仪表盘里程显示 549 千米。

NO：03834 2017.04

## 最大的燕尾双晶方解石

整体尺寸：38×36×12 厘米

双晶尺寸：28×15×6 厘米

该方解石采集于福建省三明市附近矿区，呈白色，直立的大晶体为燕尾双晶。

谭力（湖南·长沙）于 2012 年 10 月收藏。

NO：03833 2017.03

## 蒙眼配钥匙速度之最

时间：33 秒

盛金龙（湖南·株洲）于 2016 年 12 月 14 日 15 时 51 分在四川广播电视台一楼 S3 演播厅《绝活状元》栏目录制，现场蒙眼使用平锉、三角锉、圆锉等工具配制钥匙，并成功开锁。

NO：03832 2017.03

## 弹弓连续命中数量之最

数量：236 次　距离：4 米　靶直径：39.61 毫米

钢珠直径：7 毫米　时间：22 分 33 秒

李东东（四川·德阳）于 2016 年 12 月 14 日 15 时 51 分在四川广播电视台一楼 S3 演播厅《绝活状元》栏目录制，现场用弹弓连续射靶 236 次。

NO：03831 2017.03

## 最多榜书作品组成的册页（累计）

数量：2999 字

该册页选材自《千字文》《百家姓》《三字经》，内页字径 1.3×1.3 米，每页 1 字，累计装订 55 册，总长度 4798.4 米，重 705 千克。

陆长法（江苏·常州）于 2016 年 3 月至 8 月书写、装裱完成。

NO：03830 2017.03

## 手抄国学著作字体种类最多的出版物
### ——《道德经》

种类：7 种

书号：ISBN 978-7-5120-1263-9

该出版物由雷钟祥（北京）以真书、草书、隶书、篆书、行书、魏碑、汉简 7 种字体分别抄写《道德经》，共计 10 万字。

2014 年 2 月由线装书局出版。

NO：03829 2017.03

## 游历大洋洲世界遗产最多的人
### ——柯银河

数量：25 个

柯银河（福建·龙岩）自 2015 年 5 月 27 日至 2017 年 3 月 7 日搭乘飞机、火车、游轮、巴士等交通工具，游历威兰德拉湖区、大堡礁、豪勋爵群岛、卡卡杜国家公园、蒂瓦希波乌纳穆地区、东伦内尔岛等 25 个大洋洲世界遗产。

NO：03828 2017.03

## 中国单日旅行社门店开业数量之最（异地）
### ——北京和平天下国际旅行社

数量：268 家

北京和平天下国际旅行社有限公司于 2017 年 3 月 31 日在北京、重庆、天津、保定、赤峰等地单日同步开业 268 家旅行社门店。

NO：03827 2017.03

## 规模最大的朗诵、吟唱活动（红色经典）

人数：3302 人

2017 年 3 月 25 日由沂水地下萤光湖旅游发展有限公司主办的"中国梦·沂蒙情——万点萤光·万颗诗心"在山东省临沂市沂水县萤火虫水洞旅游区广场举行，现场 3302 名市民齐诵《沁园春·雪》《中国梦》，并吟唱《沂蒙山小调》。

NO：03826  2017.03

## 规模最大的猪脚汤品尝活动
## ——"神农养生汤"

人数：2888 人

2017 年 3 月 25 日由湖南神乐生态庄园有限公司、安仁县悬壶中草药开发有限公司主办的"中国·安仁 2017 首届神乐·悬壶药膳美食文化节'品神农养生汤'"活动在湖南神乐生态庄园举行，现场由中华医学会专家指导熬制猪脚汤并供 2888 名游客免费品尝。

NO：03825  2017.03

## 运程最长的圆管型带式输送机

长：15 千米

该输送机系鹤壁鹤淇发电有限责任公司 2X660MW 机组工程运输设备，属 PC-2 单向输送圆管型带式输送机（管径 400 毫米、带宽 1500 毫米、带速 4.5 米/秒、输送能力 1000 吨/小时），最大提升高度 37 米，最大下运落差 48 米（头尾部高差 3.5 米）。

华电重工股份有限公司（EPC 总承包）和河南金山环保科技工业园有限公司（施工总承包）承建，2017 年 3 月建设于河南省鹤壁市淇县。

NO：03823  2017.03

## 最大的水漆木板拼图
## ——"晨阳水漆·刷水漆唤呼吸"

长：47.8 米  宽：23.32 米

该活动由河北晨阳工贸集团有限公司于 2017 年 3 月 17 日在河北省保定市徐水区晨阳大街 1 号晨阳水漆集团总部举办，公司员工现场铺设长 47.8 米、宽 23.32 米的水漆木板拼图。

NO：03822  2017.03

## 最大的水墨虾作品（单只）
## ——《吉祥巨虾》

最长处：2.24 米  最宽处：0.94 米

郑金春（上海）于 2017 年 2 月 27 日以虾为题材，在整幅长 5.25 米、宽 1.15 米的宣纸上绘制完成。

NO：03821  2017.03

## 规模最大的梳篦梳发活动

人数：150 人

该活动由龙湖双珑原著、常州市邢粮梳篦有限公司于 2017 年 3 月 11 日在江苏省常州市新北区月星环球港举办，现场 150 位身穿旗袍的女性同时使用梳篦梳发。

NO：03820  2017.03

## 最大的紫砂镂雕作品
## ——《松鹤梅竹图（尊）》

高：58.5 厘米  最大直径：34 厘米

朱雄飞（江苏·宜兴）于 2016 年耗时 279 天选用优质紫砂，以松、鹤、梅、竹图案为题材，运用木雕、砖雕、玉雕等技法雕刻并烧制完成。

NO：03819  2017.03

## 抵达南北极点年龄之最

年龄：67 岁 6 个月

陈宏儒（广东·深圳）1949 年 9 月 8 日出生，于 2016 年 8 月乘坐"50 年胜利号"核动力破冰船从俄罗斯摩尔曼斯克出发，格林尼治时间 6 日 22 时 47 分成功抵达北极点（北纬 90°），同年 12 月从智利蓬塔阿雷纳斯搭乘"伊尔-76"出发，格林尼治时间 9 日 20 时 52 分抵达南极点（南纬 90°）。

NO：03817  2017.03

## 最大的潮绣作品
## ——《幽燕金秋图》

面积：48 平方米

该作品长 16 米、宽 3 米，由佘燕璇（广东·潮州）组织 150 名绣娘于 2014 年 5 月至 2014 年 11 月以侯德昌原创的国画作品《幽燕金秋图》为创作素材，采用潮绣平绣技法绣制而成。

NO：03816  2017.03

## 医务人员（县级医院）兼任省级、国家级期刊编辑、编委数量之最

数量：35 种

张祖平（山西·晋中）于 1981 年至 2016 年就职于山西祁县地区人民医院，在职期间兼任中国医药指南、中华全科

医师、中国误诊学杂志、中华全科医学杂志等 35 种国内国家级、省级及核心期刊的编辑编委。

NO：03814　2017.03

### 最小的风景油画
### ——《江山如此多娇》

长：6.8 毫米　宽：4 毫米

陈福（FU CHEN 澳大利亚籍华裔）于 2017 年 2 月以"江山如此多娇"为题，在长 6.8 毫米、宽 4 毫米的牙片上微刻文字与印章并采用油画颜料绘刻而成。

NO：03813　2017.03

### 单次寒泳时间之最

时间：90 分 10 秒　水温：7.5℃

2017 年 1 月 24 日 15 时 55 分邓智勇（重庆）于四川省大竹县石子镇牛头村寨垭口水库下水，至 17 时 25 分 10 秒上岸。

NO：03812　2017.02

### 规模最大的同时品尝冰激凌活动
### ——"激情释放，不可限量"中国联通冰激凌套餐上市活动

人数：398 人

2017 年 2 月 24 日由中国联合网络通信有限公司主办的"激情释放，不可限量"中国联通冰激凌套餐上市活动在上海市浦东新区滨江大道滨江公园举行，现场 398 人同时品尝冰激凌。

NO：03811　2017.02

### 最大的油菜花迷宫（爱情主题）

面积：15000 平方米

该油菜花迷宫位于云南省罗平县罗平花海帐篷露营地，面积 15000 平方米，中间为八卦图，两边为"东方花园浪漫罗平"字样，帐篷 162 顶。2017 年 2 月 14 日 99 对新婚夫妇在油菜花迷宫中举行婚礼。

云南省罗平县人民政府管理。

NO：03810　2017.02

### 数量最多的无人机编队飞行表演
### ——"亿航白鹭编队"

数量：1000 架

2017 年 2 月 11 日，由广东亿航白鹭传媒科技有限公司举办的"数量最多的无人机编队飞行表演——'亿航白鹭编队'"活动在广州市天河区海心沙亚运公园举行，现场采用电脑控制 1000 架无人机（型号：350 轴距四旋翼 Ghost 智能编队）在空中编队飞行表演。

NO：03809　2017.02

### 中国最长的板桥龙灯
### ——"泰宁上清板桥龙灯"

长：1543.2 米

该板桥龙灯由龙首、龙身、龙尾三部分组成，由木板连接而成，板面装有四盏圆状灯笼，内点蜡烛，以擎杆撑起"龙"的不同部位进行表演。

2017 年 2 月 10 日由泰宁县上青乡人民政府组织龙灯表演者于泰宁县上青乡上青村主街道表演。

NO：03808　2017.02

### 规模最大的烤全牛品尝活动（免费）

人数：3000 人

该活动于 2017 年 2 月 1 日由陕西省韩城市商务局、安义达（深圳）文化传播有限公司主办，在韩城市桢州公园美食区举行，现场由多名厨师制作烤全牛供 3000 名游客免费品尝。

NO：03807　2017.02

**图书在版编目（CIP）数据**

大世界基尼斯纪录大全．精选十七／上海大世界基尼斯总部编．—上海：文汇出版社，2022.12
ISBN 978-7-5496-3932-8

Ⅰ．①大… Ⅱ．①上… Ⅲ．①科学知识－普及读物
Ⅳ．①Z228

中国版本图书馆CIP数据核字（2022）第232730号

# 大世界基尼斯纪录大全（精选十七）

上海大世界基尼斯总部　编

**责任编辑** ／ 闻　慧

**装帧设计** ／ 王　翔

**出 版 人** ／ 周伯军

**出版发行** ／ 文匯出版社

　　　　　　上海市威海路755号（邮政编码：200041）

**经　　销** ／ 全国新华书店

**印刷装订** ／ 上海锦佳印刷有限公司

**版　　次** ／ 2022年12月第1版

**印　　次** ／ 2022年12月第1次印刷

**开　　本** ／ 787×1092　1/16

**字　　数** ／ 180千

**印　　张** ／ 10

ISBN 978-7-5496-3932-8

**定　　价** ／ 99.00元